Im Auftrag der List Gesellschaft e. V.
herausgegeben von Hans Besters
Band 10

Gespräche der List Gesellschaft e. V.
N. F. Band 10

Was trennt Europa?

Mit Beiträgen von Manfred Caspari, Norbert Kloten,
Heinrich Matthes, Hans L. Merkle, Karlheinz Reif,
Rudolf Scheid

 Nomos Verlagsgesellschaft
Baden-Baden

CIP-Kurztitelaufnahme der Deutschen Bibliothek

Was trennt Europa? / Mit Beitr. von Manfred Caspari... [Hrsg. von Hans Besters]. – 1. Aufl. – Baden-Baden: Nomos Verlagsgesellschaft, 1986.
  (Gespräche der List Gesellschaft e.V.; N. F., Bd. 10)
  ISBN 3-7890-1320-X
NE: Caspari, Manfred [Mitverf.]; Besters, Hans [Hrsg.]; List Gesellschaft: Gespräche der List Gesellschaft...

1. Auflage 1986
© Nomos Verlagsgesellschaft, Baden-Baden 1986. Printed in Germany. Alle Rechte, auch die des Nachdrucks von Auszügen, der photomechanischen Wiedergabe und der Übersetzung vorbehalten.

Vorwort des Herausgebers

Der gegenwärtige Zustand der europäischen Integration ist unbefriedigend, Diagnose und Therapie sind zwiespältig:

- Auf Seiten der offiziellen EG-Organe gewinnen Bestrebungen an Gewicht, den politischen und wirtschaftlichen Einigungsprozeß Europas weiter voranzubringen. Anhaltspunkte dafür sind z.b. das 'Weißbuch' der EG-Kommission, das bis 1992 die stufenweise Schaffung eines einheitlichen Binnenmarktes für Güter und Dienstleistungen vorsieht, sowie die vom Kommissions-Präsidenten DELORS im Oktober 1985 vorgelegten 'Monetary Provisions', die im monetären Bereich die Zuständigkeit der EG-Gremien für Währungsfragen begründen bzw. ausweiten sollen. Auch der Luxemburger 'Reform-Gipfel' vom Dezember 1985 mit der dort vorgenommenen Änderung des EG-Vertrages dürfte als Anzeichen für das Bemühen um Integrationsfortschritte zu werten sein.

- Auf Seiten der nationalen Regierungen lassen sich hingegen weiterhin Vorbehalte ausmachen, sobald es darum geht, einen Teil der Souveränität an EG-Organe abzutreten bzw. die nationalen Interessen der Gemeinschaftsdisziplin unterzuordnen. Dabei reichen die strittigen Punkte von solch marginalen Dingen wie dem Streit um das (deutsche) Reinheitsgebot für Bier bis zu solch wichtigen Fragen wie dem notwendigen Abbau von Kapitalverkehrsbeschränkungen und der sinnvollen Vorgehensweise beim weiteren Ausbau des Europäischen Währungssystems (EWS). Auch die Meinungsverschiedenheiten unter den Mitgliedsländern bei den Beratungen über Maßnahmen gegen den amerikanischen Handelsprotektionismus und die Formulierung einer gemeinsamen Politik gegenüber Südafrika und Libyen Anfang dieses Jahres lassen ein nicht geringes Maß an inner-europäischen Dissonanzen erkennen. Besonders aktuell ist gegenwärtig die Frage, ob die European Currency Unit (ECU) Schrittmacherdienste für eine einheitliche Währung in Europa leisten kann.

Das 21. List Gespräch sollte in einer Art Zwischenbilanz das Erreichte in den europäischen Integrationsbemühungen mit weiterhin bestehenden Hindernissen auf dem Weg zur Einigung Europas abwägen. Die auf dieser Tagung gehaltenen Referate und die ergänzenden Diskussionsbeiträge kristallisierten sich vor allem um drei Aspekte, nämlich

- erstens um den politischen Zustand der EG,
- zweitens um die Möglichkeiten zur Weiterentwicklung des Gemeinsamen Marktes,
- drittens um die monetäre Integration, wobei insbesondere über Bedeutung und Wertigkeit der ECU als Vorläufer einer einheitlichen europäischen Währung nicht unerhebliche Meinungsunterschiede bestanden.

Im Verlauf der Aussprache zeigte sich recht deutlich, daß die Möglichkeiten und die Vorgehensweise zu mehr Integration auf Seiten der EG-Vertreter optimistischer eingeschätzt wurden als auf Seiten der Wissenschaft und der Wirtschaft. Von den Erfolgen für die europäische Einigung in den kommenden Jahren hängen nicht zuletzt auch die Chancen Europas ab, im internationalen Wettbewerb mit den USA und Japan mitzuhalten. Dies hat insbesondere der abschließende Vortrag auf der diesjährigen Tagung deutlich gemacht.

Ruhr-Universität Bochum,
im August 1986   Hans Besters

Inhaltsverzeichnis

Vorwort 5

Erste Sitzung, 24. April 1986, nachmittags

Begrüßung durch den Präsidenten der Industrie- und Handelskammer für München und Oberbayern
Rolf Rodenstock 9

Eröffnung durch den Vorsitzenden der List Gesellschaft
Dieter Spethmann 12

Die politische Integration: Was steht im Wege?
Karlheinz Reif 15

Der Gemeinsame Markt: Was steht im Wege?
Manfred Caspari 30

Europäische Industrie- und Technologiepolitik als 'industrial targeting'
Rudolf Scheid 49

Diskussion (Leitung: Ernst Helmstädter)
Ernst Helmstädter 68 - Ferdinand Hain 68 - Manfred Caspari 68 - Gangolf Weiler 69 - Manfred Caspari 70 - Hubertus Dessloch 71 - Karlheinz Reif 73 - Manfred Caspari 73 - Rudolf Scheid 75 - Christiane Busch-Lüty 76 - Rudolf Scheid 77 - Manfred Caspari 78 - Rudolf Scheid 80 - Eduard M. Michaelis 80 - Hubertus Dessloch 81 - Rudolf Scheid 81 - Dieter Spethmann 82 - Hans Besters 82 - Rudolf Scheid 82 - Ernst Helmstädter 82 - Karlheinz Reif 83 - Ernst Helmstädter 83

Zweite Sitzung, 25. April 1986, vormittags

Die monetäre Integration: Was steht im Wege?
Norbert Kloten 84

Die monetäre Integration: Hindernisse ausräumen!
Heinrich Matthes 99

Diskussion (Leitung: Hans Besters)
Hans Besters 108 - Peter Schaal 108 - Heinrich Matthes 109 - Ferdinand Hain 110 - Norbert Kloten 111 - Heinrich Matthes 112 - Werner Steuer 112 - Hans Besters 114 - Heinrich Matthes 114 - Manfred Caspari 115 - Helmut Schlesinger 115 - Heinrich Matthes 117 - Norbert Kloten 118 - Hans Besters 121 - Norbert Kloten 121 - Manfred Wegner 122 - Wulfheinrich v. Natzmer 124 - Norbert Kloten 124 - Heinrich Matthes 125 - Hans Besters 126 - Eduard M. Michaelis 126 - Peter Bofinger 127 - Heinrich Matthes 128 - Norbert Kloten 129 - Hans Besters 130

Chancen Europas im internationalen Zusammenhang
Hans L. Merkle 131

Schlußwort durch den Vorsitzenden der List Gesellschaft
Dieter Spethmann 144

Anhang

Verzeichnis der Referenten und Diskussionsredner 145

Verzeichnis der bisher erschienenen Gespräche der List Gesellschaft 146

Erste Sitzung

24. April 1986

Begrüßung

ROLF RODENSTOCK

Mit großer Freude begrüße ich das Auditorium in den Räumen der Industrie- und Handelskammer für München und Oberbayern und in deren Namen zum 21. Gespräch der List Gesellschaft. Schon 1978 waren Sie unsere Gäste. Ihr Wiederkommen zeigt, daß es Ihnen damals gefallen hat. München erfreut sich offenbar großer Wertschätzung bei Tagungen der unterschiedlichsten Art, die Gründe hierfür sind vielfältiger Natur.

Ihre diesjährige Tagung haben Sie unter das Thema 'Was trennt Europa?' gestellt. Ich möchte in meiner kurzen Begrüßung nur einige Fragen aufwerfen und einige Anmerkungen machen, die sich mir bei dieser Fragestellung aufdrängen.

Europa war über einen langen Zeitraum eine Ansammlung von Staaten, mit einer Außenpolitik des sacro egoismo. Das Verhältnis zu anderen Staaten war oft auf Expansion ausgerichtet. Die Folge einer solchen Politik, der Zweite Weltkrieg mit seinen Millionen von Opfern, hat Europa in knapp sechs Jahren stärker verändert als viele Jahrzehnte zuvor. Europa ist de facto zweigeteilt, geteilt durch eine Grenze, deren Anomalie nicht weiter beschrieben werden muß. Diese Zweiteilung findet im wirtschaftlichen Bereich in der EG und EFTA auf der einen Seite, durch den Rat für gegenseitige Wirtschaftshilfe (RGW) auf der anderen Seite ihre übernationale Klammer. Parallel dazu wurde im militärischen Sektor die Teilung durch Gründung der NATO und des Warschauer Paktes noch deutlicher. Ziel aller Bemühungen, sowohl wirtschaftlicher wie politischer Art, muß es sein, diese Spaltung Europas allmählich zu überwinden. Der Bundesrat hat in einer Entschließung zum Entwurf eines Vertrages zur Gründung einer europäischen Union folgendes formuliert: "Die Einigung Europas ist der historische Auftrag der europäischen Völker. Durch ihre Einheit können sie wesentlich dazu beitragen, Freiheit und Frieden dauerhaft zu sichern. Ziel ist die Errichtung einer europäischen Union."

Unabhängig von diesen politischen und wirtschaftlichen Fakten ist festzustellen, daß der Einigungsprozeß im Westen Fortschritte gemacht hat, die 1945 schlicht undenkbar waren. Die Aussöhnung Deutschlands mit Frankreich ist eine solide Basis für die europäische Integration. Die Unterzeichnung der Pariser Verträge zur Gründung der Europäischen Gemeinschaft für Kohle und Stahl 1951, die Verträge von Rom 1957 und die Erweiterung der Sechser-Gemeinschaft durch Dänemark, Irland und das Vereinigte Königreich im Jahre 1973 waren wichtige Marksteine. Der Beitritt Griechenlands 1981 und Portugals und Spaniens vor wenigen

Monaten hat einen Wirtschaftsraum geschaffen, in dem 321 Millionen Menschen ein Viertel der Weltwirtschaftsleistung erarbeiten. Einigung und Einigkeit steht allerdings bislang vielfach nur auf dem Papier, nationale Interessen überwiegen in vielen Fragen. Beispiele hierfür lassen sich zahlreich aufführen - vom abgasarmen Auto, Katalysatoren, bis zur Agrarpolitik mit ihren Sturmzeichen.

Was trennt Europa? Vielleicht sollte man ein 'noch' anfügen; was trennt Europa noch? Nach meiner Auffassung ist es die mangelnde Bereitschaft, zugunsten eines bedeutenderen Zieles eigene, nationale Ziele zurückzustellen. Drastisch ins Bewußtsein gerückt wurde dies, als die USA um Unterstützung für ihr Vorgehen gegen Libyen warben. Ohne die Entscheidung bewerten zu wollen, stelle ich fest, daß die Tinte unter der Vereinbarung der Außenminister noch nicht ganz trocken war, als die gemeinsame Linie wieder verlassen wurde.

Sicher, die Begeisterung für Europa, die sich noch in den 50er Jahren im Niederreißen von Schlagbäumen ausdrückte, ist einer realistischen Einschätzung gewichen. Die Freizügigkeit des Reisens, der enger werdende Nachrichtenaustausch, die Zunahme der Wirtschaftsverflechtungen haben die Vorteile des gemeinsamen Marktes deutlich gemacht. Die immer noch latent vorhandenen protektionistischen Tendenzen innerhalb der EG machen deutlich, wieviel Steine noch auf dem Weg liegen. Das Europäische Parlament, dessen Rechte im übrigen ausgeweitet werden sollten, hat in einer Entschließung zum 14. Bericht der Kommission der EG über Wettbewerbpolitik folgendes festgestellt: "Der Grundsatz eines unverfälschten Wettbewerbs bildet einen der Ecksteine des Gemeinsamen Marktes. Die Erhaltung und Stärkung des Wettbewerbs ist eine permanente Aufgabe marktwirtschaftlicher europäischer Wirtschaftspolitik." Und weiter: "Marktwirtschaft kann ohne Wettbewerb nicht sozial sein." Angesichts der jahrzehntelangen Kontroversen innerhalb der EG, ob der marktwirtschaftliche oder der sozialistische Weg der erfolgversprechende sei, sind solche Erklärungen aus dem Europäischen Parlament wahrhaftig bemerkenswert. Wollen wir hoffen, daß die notwendigen Angleichungs- und Harmonisierungsmaßnahmen, die auch die direkten und indirekten nationalen Subventionselemente einschließen müssen, die entsprechenden Voraussetzungen für eine funktionierende Wettbewerbswirtschaft schaffen werden.

Wie soll zukünftig die europäische Einigung vorangetrieben werden? Soll es eine weitere Integration des Westens mit dem Ziel eines europäischen Bundesstaates, einer europäischen Union sein? Welche Länder sollen ihm angehören? Wie verhalten wir uns gegenüber der Türkei, deren Vollmitgliedschaft in überschaubarer Zukunft bevorsteht? Was geschieht mit den neutralen EFTA-Staaten, was mit den Staaten des RGW? Der Westen kann und darf nach meiner Überzeugung durch seine Politik nicht versuchen, den Osten wirtschaftlich zu destabilisieren, in der Erwartung, daß dann eines Tages das sozialistisch-kollektivistische System zusammenbricht und quasi als Phönix aus der Achse eine westlich-parlamentarische Demokratie entsteht. Es wäre ein Irrtum, beispielsweise aus gewissen Reformen in der Wirtschaft Ungarns die Erwartung abzuleiten, daß damit Voraussetzungen für eine Integration in ein 'freies Europa' entstehen würden. Welche Reaktion hätte man bei offensiver wirtschaftsideologischer Strategie des Westens in der DDR zu erwarten? Wie wäre das Verhalten der Sowjetunion? Ohne unser Licht unter den Scheffel zu stellen, ohne uns angesichts mancher eigener Mängel und Schwachstellen ständig selber schlecht zu machen, sollten wir uns allen missionarischen Eifers enthalten. Der Respekt vor der Souveränität der Staaten, die im RGW zusammengeschlossen sind, gebietet uns - abgesehen von der höchst fragwürdigen Berechenbarkeit des Erfolges solcher Versuche -, diesen Staaten die ihnen gemäße und mögliche Entwicklung ihrer Wirtschaft und Gesellschaftsverfassung selbst zu überlassen. Kulturelle, wissenschaftliche und wirtschaftliche Kontakte können und sollen dazu beitragen, den 'eisernen Vorhang' nach und nach durchlässiger zu machen. Einiges ist durch Geduld und Beharrlichkeit in den letzten Jahrzehnten glücklicherweise erreicht worden. Wollen wir hoffen, daß wir vor Rückschlägen bewahrt bleiben.

Ich hoffe, daß das 21. List Gespräch Wege aufzeigen wird, wie das Trennende in Europa überwunden werden kann. Die Ideen von SCHUMAN, ADENAUER und de GASPERI beinhalten viele Gedanken, die Friedrich LIST bereits im letzten Jahrhundert bewegten. Der Einigungsprozeß im Westen erfordert Zeit, noch mehr Zeit erfordert eine Auflockerung der Verhältnisse im Osten und eine wahrhafte Normalisierung der West-Ost-Beziehungen. Wir sollten Geduld haben.

Eröffnung
DIETER SPETHMANN

Ich freue mich, daß Sie der Einladung zu unserem heutigen Gespräch zum Thema 'Was trennt Europa?' gefolgt sind. Im Namen des Vorstandes der List Gesellschaft darf ich Sie alle herzlich begrüßen. Die List Gesellschaft will an diesen beiden Tagen an die guten Erfahrungen früherer Gespräche anknüpfen, nämlich ein Forum bieten für einen konstruktiven Dialog zwischen Wissenschaft, Politik, Gewerkschaften und Unternehmen.

Europa, unser heutiges Thema, hat in den letzten Jahren allzuoft Negativ-Schlagzeilen gemacht: Bürger beklagen sich über lästige Grenzkontrollen, die Wirtschaft über bürokratische Handelshemmnisse, die Butterberge wachsen, Weinseen drohen überzulaufen und die Berufs-Europäer in Brüssel und Straßburg fühlen sich durch nationalstaatliche Egoismen unterdrückt. Zuletzt machten auch noch Schlagworte wie 'Europessimismus' und 'Eurosklerose' die Runde.

Zum Teil war diese Kritik, wenn ich an den angeblich drohenden ökonomischen Niedergang Europas denke, überzogen. Der wahre Kern dieser Kritik dürfte darin liegen, daß Europa sich schwer tut, den hochgespannten Erwartungen gerecht zu werden. Vor allem ist es nicht in der Lage, sein wirtschaftliches und politisches Potential voll auszuschöpfen.

Die Chancen Europas sind in der Tat beträchtlich: In den Ländern der Europäischen Gemeinschaft wird ein Sozialprodukt erwirtschaftet, das sich mit dem US-amerikanischen durchaus messen kann und das mehr als doppelt so hoch ist wie in Japan. In der EG leben mehr als 320 Millionen Menschen, ein Drittel mehr als in den USA und mehr als zweieinhalb mal soviel wie in Japan. Dies ist ein enormes wirtschaftliches Potential - ganz gleich, ob man die Dinge von der Produktion oder vom Markt her sieht. Allein die Bundesrepublik Deutschland exportiert fast soviel wie die USA und mehr als Japan. Dabei ist die Bevölkerung in Japan doppelt und in den USA viermal so groß wie hier.

Das wirtschaftliche Potential Europas nutzen und zum Ausgangspunkt einer politischen Integration machen, dies muß das vordringliche Ziel der europäischen Einigungspolitik sein. Im Mittelpunkt steht die Schaffung eines Gemeinsamen Marktes, flankiert durch eine schrittweise Annäherung der Wirtschaftspolitik der Mitgliedsländer. Man vergißt bei aller Kritik nur zu gern, daß auf diesem Weg durchaus schon Teilerfolge erzielt wurden:

- Durch die Abschaffung der Binnenzölle wurde die Zollunion verwirklicht. Damit fielen gewichtige Hemmnisse für einen freien Güterverkehr.

- In die gleiche Richtung zielten die Bemühungen um eine Harmonisierung des Mehrwertsteuerrechts.
- Durch die Freizügigkeit für Arbeitnehmer, durch das Recht vieler Berufsgruppen auf freie Arbeitsplatzwahl innerhalb der EG wurde ein wichtiger Schritt zu einem gemeinsamen Arbeitsmarkt geleistet.
- Fortschritte sind auch bei der Niederlassungs- und Dienstleistungsfreiheit für Selbständige erzielt worden.
- Das Europäische Währungssystem hat uns an der Währungsfront eine relative Stabilität beschert, um die wir weltweit beneidet werden. Zugleich hat die Existenz des EWS auch auf anderen Feldern der Wirtschaftspolitik zu einer Annäherung beigetragen.
- Schließlich sind mit Jahresbeginn Spanien und Portugal der EG beigetreten. Damit ist das räumliche Wachstum der EG wohl zu einem Abschluß gekommen. Man darf aber nicht verkennen, daß mit diesem Beitritt auch die Partikularinteressen zugenommen haben und sich das politische Gravitationszentrum nach Süden verschiebt. Um so wichtiger ist es jetzt, daß sich alle Kräfte auf das qualitative Wachstum, also auf das Zusammenwachsen der EG konzentrieren.

Innerhalb der EG gibt es noch eine Reihe von Bereichen, in denen Verbesserungen nötig und möglich sind:

- Sehr weit fortgeschritten ist die wirtschaftspolitische Integration im Agrarsektor. Etwas muß aber falsch angelegt sein. Wie käme es sonst immer wieder zu Überschußproduktionen? Hier findet eine gigantische Ressourcenfehlleitung statt, die rund 70 v.H. des EG-Haushaltes verschlingt. Zudem sorgt die Agrarmarktordnung dafür, daß wir Europäer immer wieder handelspolitisch am Pranger stehen.
- Beschränkungen des Wettbewerbs gibt es auch auf anderen Märkten. Ein düsteres Beispiel ist der europäische Stahlmarkt, der zum Schauplatz eines beispiellosen, subventionierten Verdrängungswettbewerbs gemacht wurde.
- Zum Gemeinsamen Markt gehört auch die Liberalisierung des öffentlichen Auftragswesens. Wo ist der europäische Geist, wenn Franzosen nur französische Telefone und Engländer nur englische Züge benutzen dürfen? Hier geht es um eine Größenordnung von immerhin etwa 18 v.H. des europäischen Sozialprodukts.
- Die engere wirtschaftliche Verzahnung Europas darf nicht vor der Schaffung eines integrierten europäischen Kapitalmarktes Halt machen. Bleibt der Kapitalverkehr beschränkt, so können auch die Produktionsfaktoren nicht an den jeweils günstigsten Standort wandern.
- Die internationale Wettbewerbsfähigkeit der Gemeinschaft muß stets aufs Neue nachgewiesen werden. Deshalb sind Anstrengungen auf dem Gebiet der For-

schung und Technologie nötig. Einige Projekte übersteigen die Kapazitäten einzelner Unternehmen oder Nationalstaaten. Hier bietet sich eine Bündelung der Kräfte auf europäischer Ebene an. EUREKA kann ein solcher Ansatz sein.
- Umweltverschmutzung kennt keine Grenzen, und Umweltschutz kostet Geld. Was wir daher brauchen, ist eine EG des Umweltschutzes. Dabei geht es weniger um die Überwindung technologischer Schranken. Vielmehr ist der politische Wille zu stärken, ein einheitlicheres Niveau der Umwelterhaltung und -verbesserung, des Gesundheitsschutzes und der rationellen Ressourcenverwendung anzustreben. Andernfalls kommt es zu ganz gravierenden und neuartigen Wettbewerbsverzerrungen.

An Ideen und Vorschlägen zur Errichtung des Gemeinsamen Marktes fehlt es wahrlich nicht. Zuletzt hat die EG-Kommission in einem 'Weißbuch' Vorschläge zur Verwirklichung des europäischen Binnenmarktes vorgelegt, die im Februar dieses Jahres vom Rat der Staats- und Regierungschefs angenommen wurden. Danach sollen bis 1992 alle heute erkennbaren materiellen (Grenzkontrollen), technischen und steuerlichen Schranken für den Personen-, Waren-, Dienstleistungs- und Kapitalverkehr beseitigt werden.

Für die Umsetzung dieses Vorhabens spricht, daß die Staats- und Regierungschefs das Beschlußverfahren modifiziert haben und teilweise auf Einstimmigkeit verzichten. Etwa zwei Drittel der im Weißbuch angeführten Entscheidungen können mit Mehrheit verabschiedet werden. Allerdings bleibt abzuwarten, ob es nun zu einer größeren Entscheidungsdynamik kommt und inwieweit einzelne Staaten noch von nationalen Schutzklauseln Gebrauch machen. Wenn die nationalen Schutzklauseln das europäische Beschlußverfahren paralysieren oder den Binnenmarkt in nationale Teilmärkte aufspalten, dann werden wir 1992 alles andere als einen Gemeinsamen Markt vorfinden.

Das soll zum Einstieg in unsere heutige Thematik genügen. Prof. REIF von der Universität Bamberg wird die heutige Nachmittagsdiskussion mit einem Referat zum Stand der politischen Integration Europas eröffnen. Daran anschließend wird Dr. CASPARI als für Wettbewerbsfragen zuständiger Generaldirektor der EG eine 'Schwachstellen-Analyse' des Gemeinsamen Marktes vornehmen. Zum Abschluß des heutigen Tages referiert Prof. SCHEID vom Zentralverband der Elektrotechnischen Industrie über das Thema 'Europäische Industrie- und Technologiepolitik als industrial targeting'.

Am morgigen Vormittag werden wir uns dann Fragen der monetären Integration und Europas Chancen im internationalen Zusammenhang zuwenden.

Ich wünsche uns allen eine offene und intensive Diskussion.

Die politische Integration: Was steht im Wege?

KARLHEINZ REIF

I.

Mein Thema findet sich im Programm dieser Tagung neben zwei anderen Themen fast gleichlautender Formulierung,

- Der Gemeinsame Markt: Was steht im Wege?
- Die monetäre Integration: Was steht im Wege?

Die Versuchung ist groß, als erste These zu formulieren: Der politischen Integration steht nicht zuletzt die mangelnde Bereitschaft zum vollständigen gemeinsamen Binnenmarkt und zur monetären Integration im Wege. Dasselbe Schwarze-Peter-Spiel ließe sich natürlich auch aus der Perspektive jedes der beiden anderen Themen inszenieren und ist in der Europadiskussion der letzten Jahre oder Jahrzehnte ja auch mit Hingabe erfolgt - durchaus nicht ohne sachliche Berechtigung. Daraus ließe sich eine zweite These ableiten: Der europäischen Integration steht die Fixierung auf eine ganze Serie von lähmenden Henne-Ei-Dilemmata im Wege.

So notwendig und nützlich die analytische Unterscheidung zwischen politischer und ökonomischer und/oder monetärer Integration auch ist; sie darf nicht übersehen, daß es kaum Integrationsbereiche oder -felder gibt, die 'politischer' sind als ein gemeinsamer Binnenmarkt oder die Währungspolitik. [1] Dennoch will ich mich unter der Überschrift 'politische Integration' vor allem auf die Fragen der Außenpolitik und der Verfassungspolitik Europas - jeweils im weiteren Sinne - konzentrieren.

Ich beschränke mich hier auf Westeuropa und spreche nicht über Europa als Ganzes, vom Atlantik bis zum Ural. Und ich beschränke mich auf die Europäische Gemeinschaft und spreche nicht über Westeuropa als Ganzes, welches als politischer Raum etwa durch die Mitgliedsländer des Europarates abgegrenzt ist. So umrissen, könnte mein Thema - etwas altmodisch formuliert, weil nämlich genauso wenige ihm unmittelbar Relevanz für die Gegenwart einräumen wie etwa

---

[1] So nützlich die analytische Unterscheidung zwischen 'high-politics', die den Kern nationaler Souveränität betreffen (etwa militärische Verteidigung), und 'low politics', die (wie etwa verkehrstechnische Fragen) nationale Souveränität nur am Rande tangieren, in der theoretischen Debatte über die verschiedenen Ansätze zur regionalen Integration auch gewesen sein mag; die Erfahrung hat immer wieder gezeigt, daß jeder Politikbereich - und scheine er zunächst noch so technisch, noch so 'unpolitisch' - zur Prestigefrage geraten bzw. gemacht werden kann. Die Übertragung der Zuständigkeit für einen Politikbereich auf eine internationale Organisation oder gar auf eine supranationale Institution ist wohl immer eine 'high-politics'-Entscheidung. Dies hatte die funktionalistische Integrationstheorie übersehen, die neo-funktionalistische hat es zu berücksichtigen versucht. Von alledem abgesehen, ist die Zuordnung der Währungspolitik zum Bereich der 'high politics' wohl unbestritten.

der Wiedervereinigung Deutschlands - auch lauten: 'Was steht der Schaffung der Vereinigten Staaten von Europa im Wege?' Vereinigte Staaten von Europa, die (wenn auch zunächst in den gegenwärtigen Grenzen der Zwölfer-Gemeinschaft) über eine handlungsfähige, parlamentarisch kontrollierte und demokratisch legitimierte europäische Regierung verfügen, welche denkbarerweise für mancherlei Politikbereiche zuständig wäre, auf jeden Fall aber für die Außenpolitik einschließlich des Außenhandels und einschließlich der militärischen Komponente der Sicherheit nach außen sowie für die Währungspolitik und dadurch auch zumindest für wesentliche Elemente der Wirtschafts- und Sozialpolitik,

- ein Staat also, ein Bundesstaat, auf dessen Zentralinstanzen nicht notwendigerweise die ganze, aber wesentliche Kernelemente der 'Souveränität' der Einzelstaaten übertragen wären,
- kein Einheitsstaat natürlich nach dem französischen, britischen oder schwedischen Muster, sondern eine Föderation, an deren gesamtstaatlicher Willensbildung nicht nur Repräsentanten des Gesamtvolkes, sondern auch Repräsentanten der Völker der Mitgliedstaaten als solcher mitwirken würden.

Oder, wie STEFFANI in seiner politologischen Gewaltenteilungslehre für die föderativ-vertikale Dimension formuliert:

"Die Mitgliedstaaten wären territoriale Handlungseinheiten, denen einerseits ein hohes Maß autonomer Gestaltungsbefugnis in eigenen Zuständigkeitsbereichen eingeräumt bliebe (autonome Gesetzgebungs- und Verwaltungsbefugnis) und andererseits eine bestimmende Mitwirkung am Willensbildungs- und Entscheidungsprozeß des umfassenden Gesamtverbandes zukäme - die vor allem über eine entscheidende Mitwirkungskompetenz im Rahmen des gesamtstaatlichen Verfassungsrechts verfügten" (Konjunktiv K.R.). [2]

Nach allem Vorstellungsvermögen und aufgrund der Tatbestände, auf die wenigstens zum Teil gleich noch näher einzugehen ist, wäre dies auch kein 'unitarischer Bundesstaat' hoher sprachlich-kultureller und sozio-ökonomischer Homogenität nach österreichischem oder bundesdeutschem Muster, sondern eine Vielvölkerföderation großer Heterogenität mit beträchtlichen zentrifugalen Tendenzen und mannigfaltigen inneren Spannungen - heterogener als die Schweiz, spannungsreicher als Kanada oder Jugoslawien, kaum weniger komplex als Indien, aber ohne Äquivalent zu dessen dominanter Kongreßpartei. Wer heute von den Vereinigten Staaten von Europa spricht, gilt bestenfalls als skurril, wer zu sehr auf dem modischeren, bewußt diffusen Begriff der 'Europäischen Union' insistiert, zumindest als Träumer. Warum? Hätte es noch des amerikanischen Bombenangriffes auf Libyen vom 15.4.1986 bedurft, um den Westeuropäern vor Augen zu führen, daß nicht nur der Nationalstaat westeuropäischer Größenordnung - auf sich gestellt - nicht mehr in der Lage ist, weltpolitisch nennenswert Gewicht in

---

2) Winfried Steffani, Gewaltenteilung im demokratisch-pluralistischen Rechtsstaat, in: ders., Parlamentarische und präsidentielle Demokratie, Opladen 1979, S. 9-36, hier S. 26.

die Waagschale zu werfen, Sicherheit nach außen zu gewährleisten oder die wirtschaftliche Entwicklung und damit die Wohlfahrt der Menschen in seinen Grenzen zu steuern, sondern daß auch das bislang in der EG erreichte Ausmaß an Integration dazu nicht in der Lage ist?

Auch heute ist der Nationalstaat in Westeuropa noch die dominante politische Arena. Die nationalstaatliche ist nach wie vor die wichtigste Ebene politischer Identifikation, Elitenrekrutierung, Entscheidung und Legitimation. Die EG ist - trotz ihrer supranationalen Elemente wie Gerichtshof, Kommission und Europäisches Parlament - ein gemeinsames Subsystem der Nationalstaaten für einige ausgewählte Politikbereiche. IPSEN hat sie mit einem kommunalen Zweckverband verglichen, in dem mehrere Gemeinden etwa ihre Trinkwasserversorgung oder Abfallbeseitigung gemeinsam organisieren, ohne dadurch ihre Selbständigkeit aufzugeben. [3]

Der Schock des 15.4.1986 [4] hat auch, bei den Eliten ebenso wie in der breiten Bevölkerung - und sei es zum Teil nur für kurze Zeit - eine spezifische Art (west-)europäischen Bewußtseins wachgerufen. Die Einsicht selbst ist nicht neu. Was hindert die westeuropäischen Völker und ihre politischen, ökonomischen, militärischen, kulturellen Führungen daran, die erforderlichen Konsequenzen zu ziehen? Das ist mein Thema. Noch spannender ist natürlich die Frage, ob und wie sich die Hindernisse - wenn sie sich identifizieren lassen sollten - aus dem Weg räumen ließen. Das ist nicht mein Thema. Aber wer die Frage aufwirft, die hier gestellt ist, kommt um die Nach-Frage nicht herum.

Ich will zunächst historisch und danach systematisch versuchen, einige Schlußfolgerungen aus der Entwicklung der westeuropäischen Integration und dem gegenwärtigen Zustand der Gemeinschaft zu ziehen.

II.

Durch die Geschichte der westeuropäischen Integrationsbemühungen zieht sich der Eindruck, als seien es immer wieder einzelne Staaten gewesen, die die Mehrheit der jeweils beteiligten Länder daran gehindert haben, einen wichtigen Teil ihrer Souveränität 'zusammenzulegen' und einen europäischen Bundesstaat zu gründen. 1949, beim Scheitern eines supranationalen Konzepts für den Europarat, der dann zu einer relativ unbedeutenden internationalen Organisation wurde,

---

3) Vgl. Hans Peter Ipsen, Europäisches Gemeinschaftsrecht, Tübingen 1972, S. 196 ff., S. 1055.
4) Zweifellos hat der Unfall in der Atomreaktoranlage der ukrainischen Stadt Tschernobyl, der zehn Tage später geschah, die öffentliche Meinung der westeuropäischen Länder noch sehr viel intensiver aufgewühlt, so daß die Frage des westeuropäischen Einflusses auf die Anti-Terrorismuspolitik der USA wieder in den Hintergrund trat und auch die amerikanische Behandlung des Atom-Teststopp-Vertrages oder des SALT II-Abkommens kaum Aufmerksamkeit über die 'politische Klasse' Westeuropas hinaus gewinnen konnte.

waren es die Briten und die Skandinavier, die den souveränen Nationalstaat nach wie vor für eine produktive Basis politischer Herrschaftsorganisation westeuropäischer Gesellschaften hielten. Der harte Test blieb allen anderen dadurch eigentlich erspart. Auf der Basis von MONNETs Konzept machten 'die Sechs' dann unter der Führung SCHUMANs, ADENAUERs, de GASPERIs und SPAAKs einen sehr viel bescheideneren Anfang in der Montanunion, aber mit unübersehbar supranational-föderativer Finalität, aus dem sich vor dem Hintergrund des Kalten Krieges und des westlichen Entschlusses, der Bundesrepublik einen Verteidigungsbeitrag zur Abwehr der sowjetischen Bedrohung abzufordern, der Vertrag über die Europäische Verteidigungsgemeinschaft und auf dessen Basis der Vertrag über die Europäische Politische Gemeinschaft sozusagen folgerichtig ergeben haben. Nun war es die Nationalversammlung der IV. französischen Republik, die das Projekt 1954 zum Scheitern brachte.

Aus diesem Scheitern folgten die Erweiterung des Brüsseler Paktes um die Bundesrepublik und Italien zur Westeuropäischen Union sowie die integrierte Militärstruktur des Nordatlantischen Bündnisses einerseits und die - im Vergleich zur Montanunion weniger supranationale - Europäische Wirtschaftsgemeinschaft (sowie EURATOM) andererseits. Damit war die militärische Komponente der Sicherheitspolitik vom 'mainstream' der Etappen westeuropäischer Integration separiert - eine für die Perspektive Vereinigter Staaten von (West-)Europa folgenschwere Entscheidung.

Der in diesem Politikbereich besonders offensichtliche Druck zu supranational-föderativer Staatlichkeit war dem Gemeinschaftssystem genommen. Die Alternative in der Militärpolitik ist die Unterordnung unter eine Führungsmacht. De GAULLEs Versuch, ein von Frankreich geführtes Kontinental(west)europa gegen, jedenfalls ohne die USA (und ohne Großbritannien) zu errichten, scheiterte an den Partnern: Diese wollten sich nicht Frankreich unterordnen und glaubten nicht, daß Westeuropa - auf sich allein gestellt - die Sowjetunion militärisch in Schranken halten könnte; sie ordneten sich dann doch lieber den USA unter.

Gleichzeitig war die Europäische Wirtschaftsgemeinschaft auf dem Hintergrund der Wachstumsphasen der 50er und 60er Jahre ein Erfolg, der ironischerweise ebenfalls den Druck zu umfassenderer politischer Integration reduzierte. Er stärkte das Selbstvertrauen der Nationalstaaten und schuf gleichzeitig einen Mechanismus, mit dessen Hilfe die nationalen Regierungen ökonomische Erfolge vor ihren Wählern für sich selbst in Anspruch nehmen konnten, während sie für Mißerfolge die Gemeinschaft, 'Brüssel', 'die Anderen' haftbar machten.

Als die Krise der 70er Jahre die Unfähigkeit der Nationalstaaten westeuropäischer Größenordnung, ihre Ökonomie allein zu steuern, wieder plastisch machte, erwies sich der EG-Rahmen schon als zu klein. Steuerungsversuche, strategische Übereinkünfte und gemeinsames Handeln versprachen bestenfalls auf der Ebene der OECD und gesamtwestlicher Weltwirtschaftsgipfel Hoffnung auf Erfolg.

Im Militärbündnis der NATO wie in der ökonomischen Gemeinschaft der westlichen Industriestaaten wären das Gewicht und der Einfluß der EG-Länder gewiß größer, wenn sie als Einheit auftreten würden. Aber unerläßlich ist dies nicht. Und so brechen einzelne Staaten immer wieder aus, weil sie ihre nationalen Interessen in der sich abzeichnenden Mehrheitskonzeption der Gemeinschaft nicht genügend berücksichtigt sehen.

Ausschlaggebend für die Herausbildung dieses, die Realverfassung der Europäischen Gemeinschaft heute bestimmenden Handlungsmusters -WALLACE umschreibt es als "stuck between sovereignty and integration": festgefahren zwischen Souveränität und Integration [5] - war die Politik Frankreichs vor allem in den 60er Jahren unter Staatspräsident de GAULLE:

- Eine institutionalisierte außenpolitische Zusammenarbeit scheiterte an dem französischen Führungsanspruch und der avisierten Distanzierung von den USA,
- Frankreich trat aus der Militärorganisation der NATO aus,
- die eigendynamischen Möglichkeiten der in der EWG-Verfassung angelegten Weiterentwickung der Gemeinschaft in Richtung auf eine supranational bundesstaatliche politische Integration zerbrach in der Krise von 1965 und dem Luxemburger Kompromiß von 1966 durch
- die Beseitigung der Mehrheitsentscheidung im Ministerrat,
- die daraus resultierende Reduzierung der Rolle der Kommission im Entscheidungssystem der Gemeinschaft,
- die Ablehnung direkter Wahlen zum Europäischen Parlament und der Erweiterung seiner Kompetenzen,
- eine dramatische Stärkung der intergouvernemental-konföderativen Komponente der Gemeinschaft zu Lasten der supranational-föderativen.

Hier darf nicht übersehen werden, daß de GAULLEs Haltung den anderen Mitgliedstaaten den harten Test ihrer eigenen Bereitschaft zu mehr Souveränitätsverzicht erspart hat. Hinter dem breiten Rücken des Generals war das Bekenntnis zu den Vereinigten Staaten von Europa leicht. Allerdings gaben die Föderalisten in der EG nicht auf. Sie versuchten immer wieder, jede sich bietende Gelegenheit zu nutzen, um Elemente ihres Projekts in die Gemeinschaftsverfassung zu schleusen. Die Geschichte der europäischen Integration ist die Geschichte des Ringens zwischen Intergouvernementalismus und Supranationalismus, 'vor de GAULLE' genauso wie 'nach de GAULLE'.

5) William Wallace, Europe as a Confederation: The Community and the Nation State, Journal of Common Market Studies, Vol. 21 (1982), S. 57-68, hier S. 67.

Die 'relance européenne' nach dem Rücktritt de GAULLEs 1969 brachte eine Reihe von Integrationsfortschritten, jedoch vorwiegend solche in der intergouvernementalen Komponente, so

- den Beitritt Großbritanniens, Dänemarks und Irlands,
- die Etablierung der (außen-)politischen Zusammenarbeit,
- die Institutionalisierung der Gipfelkonferenzen im Europäischen Rat,
- die LOMÉ-Abkommen,
- das Europäische Währungssystem (EWS).

Auf der föderalistischen Seite ist demgegenüber sehr viel weniger zu verbuchen, nur

- die formale Umstellung der Finanzverfassung von Mitgliedsbeiträgen auf 'Eigeneinnahmen',
- die sehr bescheidene Ausweitung der Kompetenzen des Europäischen Parlaments im Haushaltsverfahren,
- die Einführung direkter Wahlen zum Europäischen Parlament und dessen Vergrößerung von 198 auf 410 Abgeordnete. [6]

Im Zuge dieser 'Relance' hat sich gezeigt, daß in dem Augenblick, in dem Frankreich seine nationale Souveränität betonende Haltung etwas modifizierte und mäßigte, mit Großbritannien und Dänemark (und ab 1981 mit Griechenland) Staaten der Gemeinschaft beigetreten waren, die ihre Abneigung gegen Souveränitätsübertragungen deutlich demonstrierten. Sie waren auf der Basis der Einstimmigkeitsinterpretation des Luxemburger Kompromisses beigetreten und zeigten sehr wenig Neigung, davon abzugehen oder dem Europäischen Parlament mehr Macht einzuräumen. Bei den Anfang 1986 eingetretenen Mitgliedern Spanien und Portugal ist demgegenüber die Bereitschaft zu mehr 'politischer' Integration sehr viel größer.

Die Luxemburger 'Einheitliche Europäische Akte' vom Dezember 1985, die kaum nennenswerte Fortschritte zu politischer Integration erbrachte, hat die Bremserrolle Dänemarks und Großbritanniens, aber in manchen Aspekten auch nach wie vor die Frankreichs deutlich unter Beweis gestellt. Vor allem jedoch tritt in jüngerer Zeit der faktische Widerstand der Bundesrepublik Deutschland gegen bestimmte politische Integrationsfortschritte aus dem Schatten der 'traditionellen' Souveränitätsbewahrer. Dies beleuchtet die ebenfalls 'schon immer' wirkende Bedeutung grundlegender Positionsunterschiede im Hinblick auf die (Wirtschafts)-Ordnungspolitik und die Furcht vor einer Schwächung der ökonomischen Vormacht Westdeutschlands durch zuviel Integration.

---

[6] Nach der Erweiterung der Gemeinschaft um Griechenland (1.1.1981), Spanien und Portugal (1.1.1986) hat das Europäische Parlament heute 518 Abgeordnete.

Wie dieser Streifzug durch die Geschichte der EG zeigen sollte, stehen mehr politischer Integration im Wege:
- die Entlastung der Gemeinschaft von der Verteidigungspolitik,
- der politische Ertrag der ökonomischen Integration und gleichzeitig die Tatsache, daß bestimmte ökonomische Probleme einen Handlungsraum erfordern, der größer ist als die Gemeinschaft,
- außenpolitische, verteidigungspolitische, verfassungspolitisch-institutionelle und wirtschaftsordnungspolitische Unterschiede in der Wahrnehmung nationaler Interessen, die bei einigen Mitgliedsländern dergestalt kumulieren, daß sie eine Bremserrolle im Hinblick auf mehr Souveränitätsvereinigung einnehmen.

Daraus resultiert ein Übergewicht der intergouvernemental-konföderativen Komponente der Gemeinschaft gegenüber der supranational-föderativen, politisch integrierten. Daß hier jahrhundertelangeTraditionen nachwirken, hat LEPSIUS kürzlich unterstrichen. [7] Im Mittelalter und in der Neuzeit haben Westeuropa und Nordeuropa den Nationalstaat hervorgebracht sowie Mitteleuropa die (kon-)föderative Ordnung, während Osteuropa das Imperium als Grundmuster politischer Herrschaft tradierte.

England, Frankreich, Dänemark (Norwegen, das der EG nicht beigetreten ist), aber auch Griechenland, das erst Anfang des 19. Jahrhunderts aus dem osmanischen Imperium ausbrechen konnte, verkörpern die reine Tradition der nationalstaatlichen Souveränität (bzw. der Schwierigkeit, wenn nicht Unmöglichkeit, Souveränität, Loyalität als teilbar, Identifikation als multiple zu denken) hartnäckiger als die Nachfolgestaaten des Heiligen Römischen Reiches.

'Stuck between sovereignty and integration' ist das bisherige Resultat politischer Integration in Westeuropa. In der Skizze einer systematischen Analyse will ich anschließend versuchen, die Frage nach der Möglichkeit und Wahrscheinlichkeit der Überwindung dieses Zustandes - wenn auch sehr vorläufig und vereinfacht - zu beantworten.

III.

Dabei sind drei verschiedene Dimensionen oder Variablenbündel zu unterscheiden,
- die internationale Umwelt der EG,
- die politischen Kräfte und Akteure innerhalb der EG und ihrer Mitgliedsländer,
- der institutionelle Rahmen, innerhalb dessen entschieden oder nicht-entschieden wird, also die 'lebende Verfassung', das politische System der gegenwärtigen EG, wobei

[7] Vgl. Mario Rainer Lepsius, Der europäische Nationalstaat: Erbe und Zukunft, in: Peter Flora (Hrsg.), Westeuropa im Wandel (erscheint demnächst im Campus-Verlag, Frankfurt/New York).

- den Aggregationsformen der Interessenrepräsentation
- sowie den Eigeninteressen der Repräsentanten

besondere Aufmerksamkeit gewidmet werden soll.

Die internationale Umwelt der EG wird maßgeblich von den beiden Großmächten und ihrem gegenseitigen Verhältnis geprägt (dem Ost-West-Konflikt), aber auch vom Nord-Süd-Konflikt, von den Problemen der Dritten (und Vierten) Welt.

Die Vereinigten Staaten von Nord-Amerika, ihr Marshall-Plan und die OEEC standen an der Wiege der westeuropäischen Integration, genauso wie die Sowjetunion durch ihre militärische Bedrohung - an die Katalysatorwirkung vor allem des Koreakrieges ist hier zu erinnern.

Die USA standen und stehen der westeuropäischen Integration grundsätzlich positiv gegenüber, häufig zitiert wird die Formel KENNEDYs von den zwei Säulen. Aber es gibt auch Meinungsverschiedenheiten und ökonomische Interessenunterschiede zwischen den USA und den Europäern, die in jüngster Zeit nicht geringer zu werden scheinen. Man könnte daraus vermuten, daß die USA in einer Vertiefung der westeuropäischen Integration gegenwärtig nicht nur Vorteile für sich sehen. Seit Jahren steht der Name von Senator MANSFIELD - neuerdings der von Senator NUNN - für eine Verringerung des militärischen Engagements der USA in Europa. Die meisten Westeuropäer halten ihre Region militärisch nicht ohne amerikanische Truppenpräsenz und Nuklearschirm für verteidigungsfähig. Aber das Nachdenken über eine Verschiebung der Gewichte nimmt beiderseits des Atlantik zu. Eine nennenswerte Erhöhung des westeuropäischen Beitrags zur Verteidigung des Westens ist ohne mehr politische Integration kaum vorstellbar.

Die Sowjetunion hat die EG lange als verlängerten Arm des amerikanischen Imperialismus angesehen und bekämpft. Die Beziehungen haben sich inzwischen fast normalisiert. Es ist zu vermuten, daß sowjetisches Wohlwollen in dem Maße zunimmt, wie die UdSSR eine weitergehende politische Integration als Ausdruck zunehmender Entfremdung zwischen den USA und Westeuropa wahrnimmt. Der Hinweis auf die Probleme des Ost-West-Handels und das Erdgas-Röhrengeschäft muß zur Illustration hier genügen.

Aus der Dritten Welt wird Westeuropa schon seit einiger Zeit als politische Einheit (mehr denn begründet) wahrgenommen. Die Einstellung vieler Regierungen der Dritten Welt hat gegenüber der EG positivere Tönung als gegenüber den USA oder gegenüber der Sowjetunion.

Unter den politischen Akteuren reflektieren die Bürger und Wähler in der Regel die Einstellungen und Positionen der sie repräsentierenden Eliten. In den meisten Ländern herrscht ein 'permissive consensus' verknüpft mit relativ geringem

Interesse an 'Europa' vor. Wie Umfragen zeigen, ist dieser in Großbritannien und vor allem in Dänemark deutlich geringer. Mit zunehmenden positiven Integrationsanstrengungen nach der Phase negativer Integration des Zollabbaus, d.h. mit zunehmender Betroffenheit durch konkrete EG-Politik ist eine gewisse Tendenz zur Verringerung der diffusen Zustimmung zu registrieren (nicht nur bei den Landwirten, die aber z.B. gerade in Dänemark besonders gemeinschaftsfreundlich eingestellt sind). Diese Tendenz zur Verringerung der diffus-globalen Zustimmung ist in der Bundesrepublik Deutschland besonders deutlich (vgl. Tab. 1). Neben Großbritannien und dem ja nicht so großen Dänemark hat sich diesbezüglich die Bundesrepublik zum Sorgenkind der EG-Kommission entwickelt. [8]

Die Parteien und Verbände lassen sich nicht - wie in älteren Integrationstheorien vertreten - als Motoren der Integration bezeichnen, schon gar nicht der 'politischen' im engeren Sinne. Sie reagieren flexibel auf die Verschiebung bzw. Nichtverschiebung von Ort und Modus politischer Entscheidungen. Vor der ersten Direktwahl waren die Parteien unsicher, ob diese Wahl nicht eine Machtverschiebung

- 'nach Europa',
- ins Europäische Parlament,

auslösen würde. Also intensivierten sie die transnationale Kooperation, um sicher zu gehen, daß 'der Zug nicht etwa ohne sie abfahre'. Als sich nach der ersten Direktwahl rasch erwies, daß keine solche Machtverschiebung stattfand, verringerten die meisten nationalen Parteien wieder ihr Engagement für die grenzüberschreitende Kooperation und Organisation. [9]

Je nach Kompetenzen, die 'Brüssel' zugewachsen waren, zog es die Verbände dorthin, durchaus auch ins Europäische Parlament, vor und mehr noch nach der Direktwahl. Transnationale Strukturen und Abstimmungsmechanismen wurden z.T. schon sehr früh geschaffen. Mit zunehmender Intergouvernementalisierung der EG ist allerdings prompt eine Tendenz zur Re-Nationalisierung der Verbändeaktivitäten, zur Konzentration auf die nationalen Ministerialbürokratien, Regierungen

---

8) Für eine detaillierte quantitative Analyse der Entwicklung der westdeutschen Einstellungen vgl. jetzt auch Hermann Schmitt, Die Europäische Gemeinschaft in der öffentlichen Meinung der Bundesrepublik Deutschland, Gutachten für die Kommission der EG, European Electoral Studies (EES) der Universität Mannheim, 1986. Für eine qualitative Studie zu diesem Komplex siehe Werner Weidenfeld, Die Europäische Gemeinschaft in der Öffentlichen Meinung der Bundesrepublik Deutschland, Gutachten für die Kommission der EG, Institut für Politikwissenschaft der Universität Mainz, 1986.
9) Vgl. hierzu im einzelnen: Karlheinz Reif, Europäisierung der Parteiensysteme?, in: Peter Flora, a.a.O., und Oskar Niedermayer, Zehn Jahre europäische Parteienbünde: Kein Integrationsschub, Integration, Vol. 8 (1985), S. 174-181.

Tabelle 1: Aspekte der Einstellung der bundesdeutschen Bevölkerung zur EG
(Angaben in Prozent der Befragten; F=Frühjahr, H=Herbst)

Einigung Europas: dafür	1973(H) 78	75-83 77	1984(F) 72	1984(H) 80	1985(F) 77	1985(H) 74	
Europäische Gemeinschaft: weder gut noch schlecht	1973(H) 22	74-83 25	1984(F) 31	1984(H) 33	1985(F) 30	1985(H) 24	
EG-Mitgliedschaft vorteilhaft für (BR) D: nein	-	1983(F) 15	1984(F) 24	1984(H) 35	1985(F) 37	1985(H) 31	
Hilfe für anderes EG-Land, wenn in Schwierigkeiten: ja	1973(H) 77	1976(H) 74	1977(H) 72	1978(H) 63	1981(H) 62	1985(H) 69	
Fühlt sich (auch) als 'Bürger Europas': nie	-	-	-	1981(F) 18	1985(F) 26	1985(H) 27	

Quelle: Eurobarometer

und Parteien festzustellen, wie eine empirische Untersuchung der Darmstädter Politikwissenschaftlerin KOHLER-KOCH festgestellt hat. [10]

Neben der Kommission, die allerjüngst in der noch nicht ratifizierten 'Einheitlichen Europäischen Akte' eine gewisse Aufwertung erfahren hat, sind die nationalen Regierungen und ihre Ministerialbürokratien die ausschlaggebenden Akteure der EG-Politik. Die nationalen Regierungen (durchweg Parteienregierungen) und die nationalen Ministerialbürokratien sind auch die wichtigsten Mechanismen der Interessenaggregation in der EG-Politik, einschließlich der EG-Verfassungspolitik. Die Regierungen definieren 'nationale Interessen' auf dem Hintergrund nationaler Öffentlichkeiten. Die Massenmedien als Vehikel von Öffentlichkeit sind noch sehr weitgehend entlang der nationalen Grenzen organisiert und widmen EG-Problemen nicht übertrieben viel Aufmerksamkeit - es sei denn, daß Kritisches zu berichten ist, Konflikte zu rapportieren und kommentieren sind. Dadurch entsteht nur in Ausnahmefällen ein Druck zu mehr Integration, meist das Gegenteil. Interessen, die bei der nationalen 'Definition' durch Regierungen unter den Tisch fallen, haben geringen Zugang zum Entscheidungssystem. Aus innergesellschaftlichen Interessenkonflikten werden internationale Konflikte.

Das hat viel mit dem institutionellen Arrangement der Gemeinschaft zu tun, mit der Organisation und Verfassung ihres politischen Systems, mit dem Modus der Entscheidungsfindung, der vorherrscht, denn dieser steht weiterer politischer Integration - soll sie nicht extrem langsam vonstatten gehen und mit zunehmender Entfremdung der Bürger, der Öffentlichkeit(en) sich selbst blockieren - am meisten im Wege: Die Fähigkeit des Systems, sich selbst aus dem Sumpf zu ziehen, ist gering.

Auf diesen Tatbestand ist in den letzten Jahren immer wieder hingewiesen worden, vor allem in der kürzlich veröffentlichten, höchst anregenden Analyse des Berliner Politik- und Verwaltungswissenschaftlers SCHARPF, der unter der griffigen Überschrift von der 'Politikverflechtungs-Falle' eine Erklärung der "scheinbar paradoxen Koexistenz von Frustration und Stabilität ... von quantitativer Erweiterung und qualitativer Stagnation" versucht, indem er von der Arbeitshypothese ausgeht,

> "daß die Defizite der europäischen Politik nicht lediglich als Folgen von überall auftretenden Mängeln der Informationsverarbeitung und Schwierigkeiten der Konsensbildung zu interpretieren seien, sondern daß die institutionellen Strukturen der Europäischen Gemeinschaft suboptimale Politik-Ergebnisse systematisch begünstigen". [11]

10) Vgl. Beate Kohler-Koch u.a., Die transnationalen Beziehungen deutscher Wirtschaftsverbände im Kontext der Süderweiterung, Projektbericht des Instituts für Politikwissenschaft der TH Darmstadt, 1986.
11) Fritz Scharpf, Die Politikverflechtungs-Falle: Europäische Integration und deutscher Föderalismus im Vergleich, Politische Vierteljahres-Schrift, 26. Jg. (1985), S. 323-356, hier S. 324.

Dabei verweist er insbesondere auf analoge Funktionsbedingungen des deutschen Föderalismus, die unter dem Begriff der 'Politikverflechtung' beschrieben und analysiert worden sind.

SCHARPF unterstreicht, daß es das Eigeninteresse der Repräsentanten [12] nationaler Regierungen und Ministerialbürokratien sei (die im bei weitem mächtigsten Organ der Gemeinschaft, dem Rat versammelt sind), eine echte Wiederherstellung der Mehrheitsentscheidung zu verhindern. [13] Er verweist mit Recht darauf, daß Konkordanz-Demokratien wie die Schweiz, in denen die Einstimmigkeitsregel praktiziert wird, weniger gut funktionieren würden "wenn nicht allzu sperrige Minderheiten immer noch mit der Möglichkeit einer Mehrheitsentscheidung rechnen müßten." [14]

Im Unterschied zur institutionellen Ordnung des Föderalismus in den USA, [15] wo Präsident, Repräsentantenhaus und Senat direkt gewählt sind, dem Bundesstaat eigene Steuererhebungskompetenzen und eine eigene Administration zur Verfügung stehen, sind in der institutionellen Ordnung des Föderalismus in der Bundesrepublik die Länderregierungen und ihre Ministerialbürokratien über den Bundesrat und in den Planungsgremien der 'Gemeinschaftsaufgaben' an einem Großteil der politischen Willensbildung auf Bundesebene beteiligt. Darüber hinaus erledigen die Länderverwaltungen den überwiegenden Teil der administrativen Ausführung von Bundesgesetzen. Allerdings hat der Bund eigenständige (auch von der Länderzustimmung im Bundesrat unabhängige) Steuererhebungs(beschluß)kompetenzen.

Die EG hat faktisch keine Steuererhebungskompetenzen (Mitgliedsregierungen rechnen immer wieder den EG-Anteil an der Mehrwertsteuer und sogar die Außenzolleinnahmen an ihren Grenzen als 'ihren Beitrag') und schon gar keine, die unabhängig von der Zustimmung der Regierungen der Mitgliedsländer im Rat beschlossen werden können. Die Durchführung des EG-Rechts erledigen fast aus-

---

12) das ja nicht zwangsläufig identisch mit dem Interesse der von ihnen Repräsentierten zu sein braucht.
13) Die 'Einheitliche Europäische Akte', die in bestimmten Bereichen die Wiederherstellung der Mehrheits-Regel vorsieht, unterscheidet sich darin grundsätzlich nicht vom 'Luxemburger Kompromiß' des Jahres 1966, der ja die Einstimmigkeitsregel formal zur Ausnahme, de facto aber zur allgemeingültigen Praxis machte. Siehe dazu auch Rudolf Hrbek/Thomas Läufer, Die Einheitliche Europäische Akte, Europa-Archiv, 41. Jg. (1986), S. 173-184, Klaus Hänsch, Europäische Integration und parlamentarische Demokratie, Europa-Archiv, 41. Jg. (1986), S. 191-200, und Wolfgang Wessels, Die Einheitliche Europäische Akte, Integration, Vol. 9 (1986), S. 65-79.
14) Fritz Scharpf, a.a.O., S. 351.
15) Auf den zu Beginn des westeuropäischen Integrationsprozesses als auf ein 'Leitbild' immer wieder hingewiesen worden war.

schließlich die Verwaltungen der Mitgliedsländer. Von eher bescheidenen Mitwirkungsrechten des Europäischen Parlaments im Ausgabenbereich des Haushalts abgesehen, sind die im Rat vertretenen Regierungen (und Ministerialbürokratien) der Mitgliedstaaten das einzige Legislativorgan der EG (vgl. Tab. 2).

Dieses höchst asymmetrische Verflechtungssystem aus "fachlich spezialisierten vertikalen Ressortkumpaneien (der Bürokratien) und mit ihnen verbündeten Politikern und Interessenvertretern" [16] macht Entscheidungen höchst aufwendig und zähflüssig, läßt sie häufig genug schlicht stagnieren. Bestenfalls nationale Regierungswechsel, insbesondere simultan deutsch-französische (1969, 1974, 1981/82) vermögen gelegentlich, diese Stagnation zu durchbrechen. [17]

Auch wenn SCHARPF übersieht, daß auch im US-Föderalismus für Verfassungsänderungen die 'state governments' mitzuwirken haben - und Schritte zu mehr politischer Integration der EG sind natürlich Verfassungs- bzw. Vertragsänderungen - wirkt sich die mangelnde Dynamik des 'Normalentscheidungssystems' lähmend auf das Klima für Integrationsfortschritte aus, wie das Schicksal der Reformberichte und -initiativen der letzten 15 - 17 Jahre gezeigt hat: Der Berg hat oft gekreißt, aber bestenfalls Mäuse geboren.

Auch wenn SCHARPF die Tatsache unbeachtet läßt, daß dem westeuropäischen Integrationsprozeß die 'USA-Option' institutionellen Aufbaus nie real offengestanden hat, kann man sich seinem Fazit schwer verschließen: "Das eingespielte System der nationalstaatlichen Kontrolle über die europäische Politik ist institutionell unfähig zur Selbst-Transformation in Richtung auf eine effektive Europäisierung europäischer Entscheidungen". [18]

Dies wiegt um so schwerer, als - bei offenbarem Erlahmen des Elans der föderalistischen Europabewegung - kaum gesellschaftliche Gruppen auszumachen sind, deren Eigeninteressen sie zu Mobilisierungsanstrengungen und Durck für mehr politische Integration veranlassen würden. Dazu war im Leitartikel von 'Le Monde' vom 17.6.1986 unter der Überschrift 'L'Europe encore à faire' zu lesen:

"Pour beaucoup sa construction est chose acquise; elle fait partie du paysage et ne peut plus guère, aujourd'hui, servir à mobiliser les énergies. Vision qui relève sans doute d'un optimisme assez dangereux: qu'il 'sagisse de la securité, de la technologie, de la monnaie, de l'affirmation d'une personnalité forte sur la scène mondiale, la situation de l'Europe est rien moins qu'établie."

---

16) Fritz Scharpf, a.a.O., S. 349.
17) Vgl. dazu Karlheinz Reif, Europäisierung der Parteiensysteme?, a.a.O., und Karlheinz Reif, Transnational Problems of a More Uniform Procedure for the Election of the European Parliament, in: Arend Lijphart / Bernie Grofman (eds.) Choosing an Electoral System, New York 1984, S. 231-246.
18) Fritz Scharpf, a.a.O., S. 348.

Tabelle 2: Die föderative institutionelle Ordnung der USA, der Bundesrepublik Deutschland und der Europäischen Gemeinschaft im Vergleich

	Initiative ('Exekutive')	Legitimative ('Legislative') Volkskammer	Staatenkammer	Ausführung von Bundesgesetzen	Steuererhebungsrecht d. Bundes unabh.v. Einzelstaatsregierungen
USA	PRÄSIDENT direkt gewählt trägt mit: Bundesgesetze Bundeshaushalt	HOUSE OF REPRESENT direkt gewählt trägt mit: Bundesgesetze Bundeshaushalt	SENATE direkt gewählt trägt mit: Bundesgesetze Bundeshaushalt	durch eigene Bundesverwaltung	ja
BRD	BUNDESREGIERUNG vom Bundestag gewählt trägt mit: Bundesgesetze Bundeshaushalt	BUNDESTAG direkt gewählt trägt Bundesregierung trägt mit: Bundesgesetze Bundeshaushalt	BUNDESRAT Vertreter der Länderregierungen trägt mit: wichtige Bundesgesetze	weit überwiegend durch Länderverwaltungen	ja
EG	KOMMISSION auf Vorschlag der Mitgliedsländerregierungen vom Rat ernannt schlägt Gesetze und Haushalt vor	EUROP. PARLAMENT direkt gewählt trägt EG-Ausgaben z.T. mit kein Einfluß auf Gesetze, Einnahmen, Kommissionsernennung	RAT Vertreter der Mitgliedsländerregierungen beschließt EG-Gesetze und Einnahmen trägt EG-Ausgaben mit, ernennt Kommission	sehr weit überwiegend durch Mitgliedsländerverwaltungen	nein

IV.

Auch wenn er schon abgenutzt erscheint, hat der Vergleich Westeuropas nach 1945 mit der Situation der griechischen Stadtstaaten im Angesicht des aufsteigenden römischen Reiches nichts von seiner Plausibilität verloren: Die ihnen lieb und vertraut gewordene Form der Herrschaftsorganisation war nicht mehr auf der Höhe der Zeit. An ihr dennoch festzuhalten, hält in Wahrheit nichts fest, auf Dauer nicht einmal die Wahlfreiheit, wem man sich unterordnet.

DAHRENDORF hat kürzlich seine Auffassung wiederholt, Europa fahre besser, wenn es als Chor spreche und nicht mit einer Stimme. [19] Dem wäre nicht nur entgegenzuhalten, daß der Chor (zumindest in der griechischen Dramaturgie) immer nur kommentierte, nie selbst handelte (und was er kommentierte, waren meist Tragödien) sondern auch, daß sogar der Chor die griechischen Tragödien immerhin einstimmig kommentierte ...

Wenn die systematische Analyse richtig ist, daß der politischen Integration der EG ihr eigenes institutionelles Arrangement im Wege steht, so gilt: Schon eine funktionierende Konkordanz-Demokratie bedarf der real geltenden Mehrheits-Regel im Rat als Rekurs (und würde nur durch eine reale Anbindung der Legitimität der Kommission an die Mehrheit des Europäischen Parlaments dem nicht zu Unrecht wachsenden Unwillen der Wähler ausgesetzt). [20] Wenn zudem die historische Analyse richtig ist, die die wachsende Prominenz der Bundesrepublik als Bremser, der der politischen Integration im Wege steht, herausgearbeitet hat, dann ist die politische Integration der EG auch und vor allem ein Problem, das durch die politische Willensbildung innerhalb der Bundesrepublik Deutschland gelöst oder verfehlt werden wird.

VORSITZENDER

Vielen Dank, Herr Prof. REIF, für Ihre politische Analyse und Perspektive, die viele von uns nachdenklich gestimmt haben. Anschließend wird Herr Dr. CASPARI erläutern, wie es um den Gemeinsamen Markt bestellt ist.

---

19) Vgl. Ralf Dahrendorf, Gesellschaftliche Entwicklung und europäische Integration, in: Peter Flora, a.a.O.
20) Zur supplementären Bedeutung der EP-Direktwahl für die Legitimität des EG-Systems vgl. Karlheinz Reif, Ten Second-Order National Elections, in: ders. (ed.), Ten European Elections, Aldershot 1985, S. 1-36. Theoretisch interessant, praktisch aber wohl bedeutungslos sind die Vorschläge von Giscard D'Estaing zur Direktwahl des Ratspräsidenten (Le Monde, 5./6. u. 15./16.6.1986) bzw. von Rudolf Wildenmann zur Direktwahl der Mitglieder der Kommission (Das Europäische Parlament zwischen Ohnmacht und Aufbruch, in: Peter Flora, a.a.O.).

Der Gemeinsame Markt: Was steht im Wege? [1)]

MANFRED CASPARI

I.

(1) Die europäische Integration ist die große politische Leistung unseres Kontinents in diesem Jahrhundert. Sie begründete eine neue politische Kultur in den Beziehungen zwischen den Ländern Westeuropas - ich schließe darin auch die Verbindung mit den EFTA-Ländern ein -, d.h. zwischen den Demokratien Europas. Sie strahlt auch aus auf unsere Beziehungen zu anderen Teilen der Welt.

Die europäischen Verträge schufen eine neue Rechtsordnung: eine Rechtsverfassung der Gemeinschaft und unmittelbar anwendbares europäisches Recht, das auch für den einzelnen Bürger zunehmende Bedeutung erhält. Sie schufen eine Wirtschaftsverfassung, die inzwischen zu einem fühlbaren Abbau von Binnenhandelshemmnissen und zu einem 'Mehr' an wirksamem Wettbewerb wie auch zu greifbaren Ansätzen währungspolitischer Koordinierung führte.

(2) Dennoch wird das Erscheinungsbild der Gemeinschaft in den Augen der Bürger - gerade auch in der Bundesrepublik - zunehmend negativ beurteilt. Die Begriffe 'EG' und 'Brüssel' sind immer mehr verbunden mit den Vorstellungen von Krise, unfruchtbarem Palaver, Bürokratie, von Schlagworten wie 'Zahlmeister Europas'.

Die Klagen werden immer lauter, wohl auch immer widersprüchlicher. Nehmen wir die Bundesrepublik als Beispiel: Man klagt über die Stahlbeihilfen der Anderen und übersieht dabei die eigenen Subventionen - die zwar in anderen Bereichen konzentriert sind, aber ebenfalls den Wettbewerb verfälschen. Man strebt hohe Agrarpreise an, ist aber nicht bereit, die finanziellen Konsequenzen zu tragen. Man drängt auf eine Politik der Marktöffnung für Produkte, für die man selbst wettbewerbsfähig ist, bekommt aber Bauchschmerzen, wenn von Marktöffnungen für Leistungen die Rede ist, bei denen eine mehr regulative Tradition noch nicht abgebaut wurde. Derartige widersprüchliche Reaktionen sind nicht auf die Bundesrepublik beschränkt. Sie gibt es auch anderswo in der Gemeinschaft, wobei in anderen Ländern andere Argumente im Vordergrund stehen.

(3) Ein Grund für das Unbehagen und die wachsenden Empfindlichkeiten liegt darin, daß die Politiken der Gemeinschaft zwangsläufig immer mehr in Bereiche traditioneller nationaler Souveränität und nationaler Tabus vordringen. Doch scheint damit kein qualitativer 'Sprung nach vorn' verbunden zu sein, der sich mit dem großen Schwung der Gründerjahre der Gemeinschaft vergleichen ließe und die nationalen 'Souveränitäts-' und 'Tabu-Opfer' rechtfertigen könnte. Als Stichworte für einen solchen qualitativen Sprung nenne ich: Politische Union,

---

1) Der Verfasser drückt hier seine eigenen Ansichten aus, die nicht notwendigerweise diejenigen der Kommission sind.

Wirtschafts- und Währungsunion, Binnenmarkt. Gerade mit diesem Komplex befaßt sich ja die heutige Tagung.

Auch sind wir noch nicht so weit, daß sich ein Franzose oder ein Deutscher als Bürger der Gemeinschaft fühlt, sich über ihre Erfolge freut und an ihren Mißerfolgen leidet. Er versteht sich als Bürger seines Landes, das in einer irgendwie gearteten Beziehung zu dieser Gemeinschaft steht und in dieser Beziehung Vorteile erringen oder Nachteile vermeiden will. Diese Situation wird von manchen Politikern genutzt, bequem auf der Anti-EG-Welle reitend, 'Brüssel' als Watschenmann zu mißbrauchen. Die Gemeinschaft hat eben noch zu keiner Gemeinsamkeit des Denkens und Verhaltens wie in einem nationalen Staat geführt. Aber könnte es angesichts der - geschichtlich gesehen - doch sehr kurzen Zeit seit Inkraftsetzung des EG-Vertrages anders sein? Wie lange dauert es, ehe man von einer Gemeinsamkeit des Denkens und Handelns zwischen Berlinern und Münchnern sprechen konnte, wo doch beide eine gleiche Sprache sprechen und von einem gleichen deutschen Geschichtsbewußtsein geprägt sind?

Völlig falsch wäre es, wollte man versuchen, die Vielgestaltigkeit in den Traditionen und in den Vorstellungen, die natürlich auch viel Trennendes beinhalten, generell einzuebnen - etwa mit einem Harmonisierungs-Rasenmäher. Gerade die Vielgestaltigkeit stellt die Eigenart Europas dar, die es zu erhalten gilt. Auch kann man nicht an der Realität der Heterogenität von Wirtschaftskraft und -struktur der Gemeinschaftsmitglieder vorbeigehen - insbesondere nach einer Nord- und zwei Süderweiterungen. Es ist nun die schwierige und notwendige Aufgabe der Gemeinschaft, eine Politik zu gestalten, die einen Gemeinsamen Markt schafft und zu einer gemeinsamen Wirtschaftspolitik führt, dabei aber diesen Unterschiedlichkeiten Rechnung trägt.

II.

Ich möchte diese Problematik an zwei Beispielen exemplifizieren,
- einmal an den wirtschaftspolitischen Grundvorstellungen der Ordnungspolitik,
- zum anderen an den Umweltschutzerfordernissen.

(1) Immer wieder werde ich in der Diskussion unter Deutschen mit dem Argument konfrontiert, Fortschritte in der Verwirklichung des Gemeinsamen Marktes setzten voraus, daß sich der Ministerrat der Gemeinschaft auf ordnungspolitische Prinzipien einigte, womit die Grundsätze der sozialen Marktwirtschaft gemeint sind.

Ich halte nicht viel von diesem Argument. Zunächst einmal glaube ich, daß man in einer solchen Diskussion aneinander vorbeireden würde, schon wegen unterschiedlicher Präsentations- und Ausdrucksweisen. So ist der Begriff 'Ordnungspolitik' unübersetzbar. Der meiner Generaldirektion zugeordnete englische Übersetzer, der nicht nur Linguist, sondern auch Nationalökonom ist, übersetzt diesen Begriff mit 'industrial policy' - und die Diskussion mit ihm zeigte mir, daß 'industrial policy' wiederum etwas anderes abdeckt als der deutsche Slogan 'Industriepolitik'. Aus 'sozialer Marktwirtschaft' wird dann übrigens leicht 'mixed economy'. Jedenfalls befürchte ich, daß man sich in einer solchen Diskussion nur zu leicht auf Pappkameraden einschießt und den Prozeß der Annäherung hemmt.

In der Tat setzt sich nämlich in den Hauptstädten Europas zunehmend die Einsicht durch, daß im Prinzip

- stabiles Geld besser ist als Inflation,
- der Staatsanteil zu hoch ist und gesenkt werden muß, auch durch Subventionsabbau,
- Protektionismus abzulehnen ist,
- wettbewerbsfähige und wettbewerbswillige Unternehmer den Motor des Wirtschaftsprozesses darstellen,
- im Grundsatz der wettbewerbliche Preismechanismus als Lenkungsmechanismus der Wirtschaft der Planifikation und staatlicher Preisbindung überlegen ist.

Auf der letzten Sitzung der EG-Wettbewerbs-Generaldirektoren hat jedenfalls mein französischer Kollege eine Erklärung über Bedingungen und Aufgaben des Wettbewerbs abgegeben, die auch ein deutscher Teilnehmer nicht besser hätte formulieren können.

Diese Entwicklung ist sicherlich nicht verursacht durch das Studium der Schriften EUCKENs, MÜLLER-ARMACKs oder ERHARDs. Sie beruht vielmehr auf praktischen Erfahrungen mit marktwirtschaftlichen und planifikatorischen Rezepten. Der Lernprozeß wurde sicherlich durch die EG-bedingte Zusammenarbeit zwischen nationalen Administrationen und 'Brüssel' intensiviert und beschleunigt. Vor allem aber zeigt es sich, daß bereits im gegenwärtigen Stadium des EG-Binnenmarktes in weiten Bereichen der Wirtschaft der bestehende EG-Wettbewerb eine nationale Planifikation hinwegfegt. Auch ist inzwischen, wie die Folgen des Vorpreschens der französischen Wirtschaftspolitik unmittelbar nach der sozialistischen Regierungsübernahme bewiesen, der Spielraum für eine nationale expansionistisch-inflatorische Konjunkturpolitik eines Mitgliedstaates sehr begrenzt, insbesondere wenn davon ausgegangen werden kann, daß es peinlich ist, in zu kurzen Abständen wegen Währungsabwertungen in Brüssel antreten zu müssen.

Damit haben wir noch keine homogene Wirtschaftspolitik der Gemeinschaft erreicht. Die Inflationsraten sind nach wie vor unterschiedlich, auch wenn sie sich angenähert haben. Die nationalen pressure groups sind ebenso von Land zu Land verschieden wie bestimmte etatistische Traditionen. Dies wiederum führt dazu, daß unterschiedliche Arten von Staatsinterventionen sich in den Mitgliedstaaten auf unterschiedliche Sektoren konzentrieren. Wir haben also nach wie vor Auf- und Abwertungen, und wir haben darauf zu achten, daß nationale Interventionen den innergemeinschaftlichen Handel nicht beeinträchtigen.

Außer Zweifel steht aber: Jeder Fortschritt in der Verwirklichung des Gemeinsamen Marktes führt zwangsläufig zu einem Mehr an Wettbewerb und Marktwirtschaft. Mit diesem Mechanismus kommen wir, so glaube ich, auch ordnungspolitisch weiter als mit generellen Debatten - unter der Voraussetzung allerdings, daß zumindest die Bundesrepublik als wirtschaftsstärkster EG-Partner konsequent die ordnungspolitischen Prinzipien des Wettbewerbs und der Stabilität anwendet. Manchmal frage ich mich allerdings, ob das - selbst nach der 'Wende' - immer der Fall ist. Besteht nicht die Gefahr, daß deutsche Vertreter in einer ordnungspolitischen Diskussion mit ihren eigenen Sünden, die nicht von Pappe sind, konfrontiert werden?

(2) Als zweites Beispiel zur Verdeutlichung der Problematik nenne ich den Umweltschutz, ein Phänomen, an das die Väter der EG-Verträge noch nicht denken konnten. Deswegen wurde er im Rom-Vertrag weder als Politik-Ziel erwähnt, noch in Artikel 36 aufgenommen, d.h. in der Vorschrift, die - unter Einhaltung strenger Kriterien - Handelsbeschränkungen zum Schutz von Gesundheit, Sittlichkeit, öffentlicher Ordnung usw. gestattet. Inzwischen bekam der Umweltschutz europäische Dimensionen - einmal, weil auch die Gemeinschaft sich des Problems der Lebensqualität annimmt, zum anderen weil staatliche Maßnahmen auf diesem Gebiet Freiverkehr und Wettbewerb beeinflussen können. Erinnern wir uns nur an die Diskussion über das abgasarme Auto, in der die unterschiedlichen Verständnis- und Interessenlagen der Mitgliedstaaten zutage traten.

Alle Mitgliedstaaten sind mit Umweltschutz-Erfordernissen konfrontiert, jedoch in unterschiedlichem Ausmaß. Dabei spielen insbesondere Bevölkerungsdichte, Industriebesatz und -struktur, Straßenverkehrsleistung eine Rolle. Hinzu kommt das Problem der grenzüberschreitenden Luft- und Gewässerverschmutzung. So hat beispielsweise Irland weit weniger Sorgen als die Bundesrepublik, die nicht nur mit der eigenen Luftverschmutzung fertig werden muß, sondern auch mit den Pollutionsimporten, die durch den Westwind und die grenznahen Dreckschleudern der CSSR verursacht werden.

Diese Überlegungen legen es nahe, für gemeinschaftsweite Mindestnormen zu plädieren, auch - als ein Akt der Solidarität - zur Begrenzung der Verschmutzungsexporte von einem Mitgliedstaat zum anderen. Länder mit höheren Umweltbelastungen müßten die Möglichkeit haben, höhere Anforderungen zu stellen. Dies wäre durchaus keine künstliche Wettbewerbsverzerrung, sondern Ausdruck der Unterschiede in den natürlichen Wettbewerbsbedingungen.

So gestaltete Regeln wären wohl anwendbar für Produktionsstätten. Führen sie aber immer zu sachgemäßen Lösungen für innergemeinschaftlich gehandelte Produkte? Damit kommen wir zurück zu den Autos. Wäre die Bundesrepublik gezwungen, alle Autos zuzulassen, die den Bestimmungen anderer Mitgliedstaaten entsprechen, käme es niemals zum abgasarmen Auto. Bliebe es jedem Land überlassen, darüber zu entscheiden, welche Abgasnorm erfüllt sein muß, um ein Auto zuzulassen, so endeten wir wahrscheinlich mit zwei oder drei verschiedenen Normen in der Gemeinschaft. Das bedeutete eine Produktionszersplitterung, d.h. ein Minus an Gemeinsamem Markt - dem wahrscheinlich einige Produzenten zum Opfer fallen würden -, folglich ein Minus an Wettbewerb. Wir hätten auch das Problem nicht gelöst, daß die im Elsaß produzierten Abgase genau so schädlich für den Schwarzwald sind wie die badischen Abgase.

Ich glaube, der Weg, den die Gemeinschaft in diesem Falle eingeschlagen hat, um die Erfordernisse des Umweltschutzes mit denen des Gemeinsamen Marktes vereinbar zu machen, war der richtige: einheitlich strengere Abgasregeln für die gesamte Gemeinschaft. Sie sind zwar weniger streng als die deutsche Seite forderte - und man kann durchaus über die festgelegten Normen streiten -, doch kann schon wegen des grenzüberschreitenden Charakters der Luftverschmutzung davon ausgegangen werden, daß das Ausmaß des Pollutionsabbaus damit nicht geringer ist, als es bei einem deutschen Alleingang wäre.

Die kürzlich beschlossene Vertragsreform nimmt nun auch die Umweltpolitik in die Liste der Gemeinschaftspolitiken auf. Die Gemeinschaft soll danach aber nur tätig werden, wenn die Ziele dieser Politik besser auf Gemeinschaftsebene erreicht werden können als auf der Ebene der einzelnen Mitgliedstaaten. Durch den neuen Text wird übrigens u.a. das Verursacherprinzip vertraglich festgeschrieben. Den Mitgliedstaaten wird eingeräumt, in bestimmten Fällen strengere Umweltschutzregeln als die auf Gemeinschaftsebene beschlossenen zu ergreifen. Diese dürfen jedoch nicht willkürlich diskriminieren oder verschleierte Handelsbeschränkungen darstellen.

III.

Nach den beiden Beispielen, die der Verdeutlichung der Problematik dienen sollten, komme ich nun zu einem breiteren Überblick darüber, was der Verwirklichung bzw. Vollendung des Gemeinsamen Marktes entgegensteht. Darüber hinaus werde ich auch etwas darüber sagen, wie Hindernisse weggeräumt werden können.

(1) Zunächst ein Wort zu den fundamentalen Z i e l e n der Gemeinschaft. Sie werden in Artikel 2 des Rom-Vertrags beschrieben: "Aufgabe der Gemeinschaft ist es, durch die Errichtung eines Gemeinsamen Marktes und die schrittweise An-

näherung der Wirtschaftspolitik der Mitgliedstaaten eine harmonische Entwicklung des Wirtschaftslebens innerhalb der Gemeinschaft, eine beständige und ausgewogene Wirtschaftsausweitung, eine größere Stabilität, eine beschleunigte Hebung der Lebenshaltung und engere Beziehungen zwischen den Staaten zu fördern, die in dieser Gemeinschaft zusammengeschlossen sind." Als M i t t e l zur Erreichung dieser Ziele werden in Artikel 3 insbesondere genannt: Die Abschaffung der Zölle und mengenmäßigen Beschränkungen im innergemeinschaftlichen Verkehr, die Einführung einer gemeinsamen Außenhandelspolitik und eines einheitlichen Außenzolles; freier innergemeinschaftlicher Personen-, Dienstleistungs- und Kapitalverkehr; gemeinsame Agrar- und Verkehrspolitik; die Angleichung der innerstaatlichen Rechtsvorschriften, soweit dies für das ordnungsgemäße Funktionieren des Gemeinsamen Marktes notwendig ist; die Errichtung eines Systems des unverfälschten Wettbewerbs; die Koordinierung der Wirtschaftspolitiken der Mitgliedstaaten.

Wenn man aus diesen Formulierungen eine Definition des Gemeinsamen Marktes herauszudestillieren versucht, so kommt man zu folgendem Schluß: Es handelt sich um einen Markt ohne Binnengrenzen, in dem der freie Verkehr von Waren, Personen, Dienstleistungen und Kapital gewährleistet ist. In ihm herrscht ein System des unverfälschten Wettbewerbs, das allerdings partiell überlagert sein kann durch gemeinsame Politiken für Verkehr und Landwirtschaft. Gegenüber Drittstaaten besteht eine gemeinsame Handelspolitik.

(2) Gemessen an dieser Definition stehen wir vor einer zwiespältigen Situation: Einerseits zeigt uns ein Blick in die Schaufenster der Warenhäuser oder der Gemüsegeschäfte, in die Lager der Discounter und die Kataloge der Versandhäuser, daß wir bereits ein außerordentlich hohes Maß an innergemeinschaftlicher Marktdurchdringung erreicht haben. Und diese Marktöffnung kann nicht wieder rückgängig gemacht werden, es sei denn um den Preis massiver Verletzungen des Rom-Vertrages.

Andererseits sind wir konfrontiert mit Grenzkontrollen, mit den Schlangen der Lastkraftwagen an den Grenzen, mit Abfertigungsformalitäten im grenzüberschreitenden Verkehr der Gemeinschaft. Kürzlich sagte ein maßgeblicher italienischer Industrieller bei einer europäischen Veranstaltung: "Um Waren von einem Teil der Gemeinschaft in einen anderen zu transportieren, muß man wiederholt an den Grenzen anhalten, sich mit bis zu 35 Formularen herumschlagen, eine erhebliche Zahl unterschiedlicher technischer Vorschriften beachten. Kapitalbewegungen erfordern oft die Unterwerfung unter lange und komplizierte bürokratische Prozeduren." Und immer noch hört man davon, daß ein Mitgliedstaat mittels administrativer Schikanen die Übernahme von oder die maßgebliche Beteiligung an Firmen seines Landes durch Unternehmen anderer Partner der Gemeinschaft zu vereiteln versucht. Ich erinnere mich auch an den Beamten, der darüber klagte, daß sein Bundesunternehmen nicht das in einem EG-Nachbarland erzeugte rationellere Produkt kaufen dürfe. Oder denken wir an den Stahl-Beihilfenwettbewerb, der, wenn er nicht unter Kontrolle gebracht worden wäre, zu einem Auseinanderbrechen des gemeinsamen Stahlmarktes - mit eventuell noch viel weitreichenderen Folgen - hätte führen können. Aber auch der einfache Bürger bekommt dieses 'Nicht-Europa' an Begebenheiten des täglichen Lebens zu spüren. Ich selbst erlebte so etwas, als mein Sohn, der in Berlin studiert, es wagte, dazu sein in Brüssel erworbenes Auto mitzunehmen. Als EG-beamtetem Familienvater fiel es mir dann nicht leicht, meinen Sohn von den Errungenschaften des Gemeinsamen Marktes zu überzeugen.

(3) Nachfolgend werden zunächst die wichtigsten Hemmnisse für den Binnenmarkt - einem Raum mit Freiverkehr, ohne Grenzen und Behinderungen - behandelt. Anschließend wird auf die anderen Elemente eines Gemeinsamen Marktes eingegangen, insbesondere auf den Wettbewerb.

Die Währungs- und Kapitalmarktfragen sowie die Devisenreglementierungen sollen nicht vertieft werden. Dazu ist auf die Referate der Herren KLOTEN und MATTHES zu verweisen. Trotzdem sind dazu einige, etwas apodiktische Bemerkungen erforderlich: Beschränkungen des Kapitalverkehrs behindern die Wanderungen des Kapitals zum besten Wirt. Devisenreglementierungen erschweren den Waren- und Dienstleistungsverkehr. Die mit einer fortschreitenden Integration zwangsläufig verbundene Einengung des Spielraums für national außenwirtschaftswirksame Maßnahmen weist Auf- und Abwertungen größere Bedeutung zu. Andererseits sind Währungsverhältnisse und ihre Verschiebungen im immer enger verflochtenen Gemeinschafts-Binnenaustausch 'fühlbarer' als im traditionellen Außenhandel. Daraus ergibt sich die Notwendigkeit, Paritätsänderungen als Angelegenheit des gemeinsamen Interesses unter Gemeinschaftskontrolle zu halten, was schon gegenwärtig - wie mir scheint: erfolgreich - praktiziert wird.

IV.

(1) Was die Verwirklichung des Binnenmarktes anlangt, so klagt vor allem die Industrie über die Fülle der unterschiedlichen einzelstaatlichen Vorschriften über Beschaffenheit, Qualität und Verpackung. Dabei mag es sich um gewachsene nationale Industriestandards handeln. Oft genug werden diese jedoch dazu benützt, der heimischen Industrie bessere Startchancen im internationalen und innergemeinschaftlichen Wettbewerb zu geben. Jedenfalls führen sie nur zu oft dazu, daß nicht für einen EG-weiten Markt produziert wird. Kein Gemeinsamer Markt existiert praktisch im öffentlichen Beschaffungswesen. Die Marktsegmentierung betrifft vor allem Bereiche, in denen der modernen Technik eine Schrittmacher-

rolle zukommt, wie Telekommunikation, Verkehr und Verteidigung. Zwar schützt ein System nationaler Auftragsvergabe nach nationalen Normen an nationale Hoflieferanten heimische Unternehmen vor der Auslandskonkurrenz und macht ihnen das Leben bequemer. Doch schöpft es weder das Leistungspotential eines größeren Gemeinsamen Marktes aus, noch stärkt es die internationale Wettbewerbsfähigkeit.

In weiten Bereichen der Dienstleistungen kann von binnenmarktähnlichen Verhältnissen nicht die Rede sein. Ein eklatantes Beispiel dafür ist die noch national abgeschottete Versicherungswirtschaft, ein anderes der Verkehrsbereich, der von einer Fülle dirigistischer nationaler Regelungen geprägt ist.

Selbst die gemeinsame Landwirtschaftspolitik, angeblicher Motor der Integration, hat in ihrem Bereich keineswegs zu einem echten, gemeinschaftsweiten Binnenmarkt geführt. Wir haben nach wie vor Kontrollen im grenzüberschreitenden Handel. Da geht es einmal um veterinär- und gesundheitsrechtliche Kontrollen. Hinzu kommen die monetären Ausgleichsbeträge, die dafür sorgen sollen, die Landwirtschaft zumindest zeitweise von den Konsequenzen der Auf- und Abwertung freizuhalten.

Einschränkungen des innergemeinschaftlichen Warenverkehrs ergeben sich ferner daraus, daß es nach wie vor noch zahlreiche nationale Kontingentierungen für die Einfuhr aus Drittländern gibt. Zur Verhinderung des Unterlaufens dieser Regelungen kann die Kommission - und sie tut dies auch von Fall zu Fall -, Mitgliedstaaten zu innergemeinschaftlichen Handelsbeschränkungen ermächtigen.

Der 'technisch' entscheidende Grund für die Beibehaltung von Kontrollen im grenzüberschreitenden Verkehr dürfte in den S t e u e r g r e n z e n liegen, in den Unterschieden der nationalen Mehrwert- und Verbrauchssteuersätze. Hier haben wir im grenzüberschreitenden Verkehr das Prinzip der Entlastung im Inland und der Neubelastung im Empfängerland.

Diese Liste der Hemmnisse und Unvollkommenheiten ist nicht komplett. Sie könnte fortgesetzt werden, so etwa mit der Nicht-Anerkennung von Diplomen, die für bestimmte Berufstätigkeiten notwendig sind oder den steuerlichen Nachteilen grenzüberschreitender Unternehmensfusionen und -beteiligungen sowie den vielfach damit verbundenen besonderen administrativen Hemmnissen. Das Gemeinschaftspatent ist noch nicht verabschiedet. Es gibt keine gemeinschaftsweite Medikamentenzulassung. Staatliche Finanzhilfen für Forschungsvorhaben beschränken grenzüberschreitende Kooperation und verstärken die Tendenz zu unterschiedlichen nationalen Normen.

Trotz ihres etwas fragmentarischen Charakters dürften meine Ausführungen die wesentlichen Hemmnisse gezeigt haben. Diese sind von unterschiedlicher Qualität. Sie können - wie das Beispiel der Mehrwert- und Verbrauchssteuern zeigt - den grenzüberschreitenden Handel lediglich komplizierter und teurer machen als den Handel innerhalb eines Mitgliedstaates. Sie können aber auch, wofür die Praxis der öffentlichen Aufträge und insbesondere das Verhalten der öffentlichen Hand im Telekommunikationssektor exemplarisch ist, den innergemeinschaftlichen Handel effektiv begrenzen.

ALBERT und BALL schätzten 1983 die zusätzlichen Kosten des 'Nicht-Europas' allein beim öffentlichen Auftragswesen auf etwa 40 Mrd. RE jährlich. Die EG-Kommission veranschlagte die Kosten durch Grenzkontrollen, LKW-Warteschlangen, Abfertigungs-Papierkram auf rund 12 Mrd. RE. Diese Zahlen zusammengenommen entsprachen seinerzeit - nach ALBERT/BALL [2] - etwa zwei Dritteln der Steuern auf Unternehmensgewinne oder 15 v.H. der Einkommenssteuer der natürlichen Personen in der Gemeinschaft.

(2) Woran liegt es nun, daß trotz aller rationalen Argumente kein größerer Fortschritt bei der Errichtung eines Binnenmarktes erreicht wurde?

Das liegt einmal an der unterschiedlichen Stringenz der Vorschriften des Rom-Vertrages. Er sieht konkrete Vorschriften für den Abbau der innergemeinschaftlichen Zölle und mengenmäßigen Beschränkungen vor. Dieses Ziel wurde erreicht, und jeder kann darauf bauen, daß derartige Handelshemmnisse nicht wieder neu errichtet werden. Dafür hat die - vom Gerichtshof unterstützte - rigorose Anwendung der entsprechenden unmittelbar wirksamen Vertragsbestimmungen gesorgt. Die darüber hinausgehenden, für den Binnenmarkt notwendigen Regelungen sind weniger zwingend angelegt. Für Entscheidungen nach Artikel 100, also für Rechtsangleichungsmaßnahmen, die für die Errichtung oder das Funktionieren des Gemeinsamen Marktes notwendig sind, ist Einstimmigkeit erforderlich. Soweit Entscheidungen mit qualifizierter Mehrheit getroffen werden können, verstecken sich Mitgliedstaaten nur zu gern hinter dem Luxemburger Einstimmigkeits-Beschluß.

Große Widerstände kamen selbstverständlich von den Mitgliedstaaten. Manchmal hat man den Eindruck, die Regierungen sind ganz froh über den Zwischenzustand, in dem sich die Gemeinschaft seit langer Zeit befindet - ein Zustand, in dem die Gemeinschaftszugehörigkeit eine Reihe politischer oder wirtschaftlicher Vorteile gebracht hat, ohne daß sie nennenswerte 'Souveränitäts'-Verzichte verlangte. Die Agrarminister fühlten sich bis vor kurzem noch ganz wohl in der Runde ihrer EG-Kollegen, in der sie über Agrarpreise, das Geld der EG-Steuerzahler und mehr und mehr auch über wichtige Bedingungen des Weltagrarhandels entschie-

---

[2] 'Vers le redressement de l'économie européenne dans les années 80', Rapport présenté au Parlément européen par M. Albert et R.J. Ball v. 7.7.1983.

den. Man ist gar nicht so traurig darüber, daß die Kommission sich mit Textil- und Stahlabkommen oder aufreibenden GATT-Verhandlungen abplagen muß, wenn man nur weiterhin Meister der Wirtschaftskooperationsabkommen, der Exportförderung oder bestimmter bilateraler Arrangements mit Japan bleibt.

Was den Binnenmarkt anlangt, so hält natürlich jede nationale Administration ihre eigenen - meist mit der Industrie abgestimmten - Regeln, Standards und Verhaltensweisen für die besten. Warum sollte man daran etwas ändern, zumal man nicht weiß, welche künftige Politik sich aus einer Übertragung auf Gemeinschaftsinstitutionen und -regeln ergibt und welcher 'Gewinn' letztlich dadurch für die eigene Position herausspringt. Konfrontiert mit einem piecemeal-approach, der ein Gesamtkonzept nicht erkennen läßt, ist dies auch nur zu verständlich.

Auch die Kommission muß sich an die eigene Brust schlagen. In HALLSTEINs Zeiten war sie sich sehr wohl der zentralen Bedeutung der Errichtung des EG-Binnenmarktes bewußt. Deswegen beschleunigte sie die Verwirklichung der Zollunion. Dann kamen aber Jahre, in denen keine Binnenmarkt-Gesamtkonzeption mehr zu erkennen war, weil andere Probleme in den Vordergrund traten. Das führte dann gelegentlich auch zu Übertreibungen bei partiellen Harmonisierungsvorschlägen. Erst NARJES, der 1981 für den Binnenmarkt zuständig wurde, hat dieses Problem wieder als einen Kernpunkt der Gemeinschaftspolitik herausgestellt und den Ministerrat dafür mobilisiert.

(3) Allgemein hat sich wohl die Erkenntnis durchgesetzt, daß die Gemeinschaft nicht im gegenwärtigen Zwischenzustand verbleiben kann: Entweder schreitet die Integration fort, oder es besteht die Gefahr einer Integrations-Rückentwicklung. Besonders drücken auch maßgebliche Industriekreise auf rasche Fortschritte. Ein leistungsfähiger Binnenmarkt könnte die internationale Wettbewerbsfähigkeit unserer Industrie verbessern; fühlbare und spektakuläre Binnenmarkts-Fortschritte könnten eine wirtschaftliche Eigendynamik auslösen. Dieser Meinung ist auch die Kommission. In ihrem Jahresbericht 1985/86 spricht sie in diesem Zusammenhang von einem 'circulus virtuosus' des wirtschaftlichen Wachstums.

In der Erkenntnis, daß substantielle Fortschritte nur im Rahmen eines Gesamtkonzeptes gemacht werden können, hat die Delors-Kommission im letzten Jahr ein umfassendes Programm zur stufenweisen Verwirklichung des europäischen Binnenmarktes vorgelegt. Danach sollen bis Ende 1992 - letztes Jahr der Übergangsperiode für Spanien und Portugal - alle technischen, fiskalischen und physischen Binnengrenzen abgebaut werden. Das Programm wurde vom Europäischen Rat gebilligt. Es wurde zur Richtschnur für weitere Arbeiten von Kommission und Ministerrat. Seine Umsetzung erfordert eine Unzahl von Ratsentscheidungen.

Konsequenterweise sieht das kürzlich beschlossene Vertragsreform-Paket für die Binnenmarktpolitik den Grundsatz der Mehrheitsentscheidung im Ministerrat vor, ebenso ein etwas erweitertes Mitwirkungsrecht des Europäischen Parlamentes. Damit dürfte eine neue Dynamik im politischen Entscheidungsprozeß ausgelöst werden.

(4) Nachfolgend einige wichtige Punkte des Programms, die einen Eindruck über die generelle Ausrichtung und die Schwerpunkte der künftigen Arbeiten geben:

Für Normen und Standards gilt - entsprechend der Cassis de Dijon-Entscheidung des EuGH - zunächst der Grundsatz: Wenn ein Erzeugnis in einem Mitgliedstaat rechtmäßig hergestellt und in den Verkehr gebracht wird, darf es überall in der Gemeinschaft ungehindert verkauft werden. Neuregelungen derartiger staatlicher Vorschriften haben ein Informationsverfahren zu absolvieren, das auch eine Stillstands-Periode vorsieht. Dies erlaubt eine Prüfung, ob die neue Regelung zu Handelsbeschränkungen führt.

Die Harmonisierung von Rechtsvorschriften soll sich darauf beschränken, zwingende Erfordernisse im Hinblick auf Gesundheit und Sicherheit festzulegen, die in allen Mitgliedstaaten beachtet sein müssen und bei deren Einhaltung ein Erzeugnis frei verkehren kann. Der Ministerrat soll sich nicht mehr mit technischen Einzelfragen befassen. Eine Kompetenzübertragung an die Kommission - insbesondere für technische Anpassungen - soll das Rechtsverfahren vereinfachen. Vor allem aber soll die Rolle der europäischen Normungsgremien bei der Ausarbeitung technischer Spezifikationen verstärkt werden. Das Stichwort lautet also 'Dezentralisierung und Beschleunigung des Entscheidungsprozesses'. Natürlich werden auch nach diesem Konzept Kontrollen notwendig sein; denken wir nur an Tier- und Pflanzenschutz, an Glykol und Methanol, an Schweinepest. Diese Kontrollen sollten aber nicht an der Grenze vorgenommen werden, sondern - in enger Zusammenarbeit mit den Behörden - in erster Linie im Versandland.

Der Öffnung des öffentlichen Auftragswesens wird zentrale Bedeutung beigemessen. Die Grundregel des Vertrages, nämlich die Freiheit des innergemeinschaftlichen Warenverkehrs muß hier ebenso gelten wie die Vorschriften über die Freizügigkeit der Dienstleistungen. Dies kann nur durch größere Transparenz, durch striktere Regeln und durch eine konstruktive Zusammenarbeit zwischen den Gemeinschaftsinstitutionen und den Mitgliedstaaten erreicht werden.

Im traditionellen Dienstleistungsbereich (Banken und Versicherungen) sollte im Prinzip ähnliches gelten wie für den Warenverkehr: freier Austausch auf der Basis der gegenseitigen Anerkennung der jeweiligen einzelstaatlichen Vorschriften. Dazu bedarf es allerdings harmonisierter Minimalstandards, zum Beispiel für den Schutz des Anlegers. Im modernen Dienstleistungsbereich, insbesondere in den Bereichen der audiovisuellen Dienstleistungen und der Informatik, muß verhindert werden, daß die rasche Entwicklung des Marktes durch nationale Normen und Beschränkungen verstellt wird. Die Abschaffung der monetären Ausgleichsbeträge in der Landwirtschaft, eine Harmonisierung der mengenmäßigen Beschränkungen gegenüber Drittländern, die weitere Liberalisierung in der innergemeinschaftlichen Verkehrspolitik sind weitere wichtige Vorbedingungen für die Abschaffung der Binnengesetze.

Besonders wichtig für die Abschaffung der Binnenkontrollen ist die Beseitigung der innergemeinschaftlichen Steuergrenzen für Mehrwert- und Verbrauchssteuern. Eine internationale Einführung des Bestimmungslands-Prinzips für die Mehrwertsteuer erscheint chancenlos. So bleibt keine andere Möglichkeit als eine Annäherung der Steuersätze. Eine volle Harmonisierung ist nicht nötig. Die Erfahrung zeigt, daß - schon wegen der Transaktionskosten - innergemeinschaftliche Steuersatzdifferenzen bis zu 5 Prozentpunkten zu keinen Verkehrsverlagerungen führen müssen. Ferner bedarf es eines Systems (auch eines clearings), wonach die dem Käufer belastete Mehrwertsteuer auch dann abgezogen werden kann, wenn sie in einem anderen Mitgliedstaat entrichtet wurde. Der Steuersatz-Annäherungsprozeß wird nicht leicht sein. So etwa machen im Vereinigten Königreich die Einnahmen aus der Mehrwertsteuer etwas mehr als 5 v.H. des BSP aus, in Dänemark jedoch nahezu 10 v.H. Rechtliche Schwierigkeiten kommen hinzu: Für die Steuerangleichung wird das Prinzip der Einstimmigkeit beibehalten.

Natürlich ist der Vorschlag der Kommission wesentlich präziser und umfassender. Er betrifft noch andere wichtige Elemente wie das Patentabkommen, ein europäisches Markenrecht, Steuerregelungen (die Auswirkungen auf innergemeinschaftliche Firmenkooperation haben) Niederlassungsfreiheit für Selbständige. Die Durchführung dieses Programms erfordert große Anstrengungen von Mitgliedstaaten und Kommission. Politiker und Praktiker werden manche harte Nuß zu knacken haben. Der Binnenmarkt, der so viele Vorteile für die europäische Wirtschaft und Verbraucher bringt, wird uns nicht gratis in den Schoß gelegt.

V.

(1) Was die privaten Wettbewerbsbeschränkungen angeht, enthält der EGKS-Vertrag umfassende Vorschriften für Kartelle und Zusammenschlüsse. Entsprechend dem supranationalen Charakter dieses Vertrages begründet er - im Gegensatz zum EWG-Vertrag - ein ausschließliches Recht für die Kommission; er läßt keinen Raum für Eingriffe nationaler Kartellbehörden. Auf Grundlage dieser Vorschriften hat sich eine allgemein akzeptierte Rechts- und Verwaltungspraxis entwickelt.

Der EWG-Vertrag sieht in Artikel 85 ein Verbot von Kartellabsprachen und abgestimmten Verhaltensweisen vor - unabhängig davon, ob sie vertikaler oder horizontaler Art sind. Abgesehen von der Agrarwirtschaft, die partiell einer Sonderregelung unterliegt, ist kein Sektor ausgeschlossen. Andererseits erfolgt eine Einengung dadurch, daß das Verbot nur auf Tatbestände anwendbar ist, die den Handel zwischen den Mitgliedstaaten beeinträchtigen. Unter bestimmten Voraussetzungen kann die Kommission über Verbots-Freistellungen entscheiden.

Eine gewisse Begrenzung der Handlungsmöglichkeit der Kommission ergibt sich ferner daraus, daß zwei Bereiche noch nicht von Anwendungsverordnungen abgedeckt sind: Seeschiffahrt und Luftfahrt. Insbesondere hinsichtlich der Luftfahrt besteht im Ministerrat erheblicher Widerstand gegen eine solche Verordnung. Nur die Niederlande und das Vereinigte Königreich sprechen sich bisher - wie die Kommission - für ein substantielles 'Mehr' an wirksamen Wettbewerb aus.

Ein großes Manko ist das Fehlen einer Fusionskontrolle. Artikel 86 verbietet nur eine mißbräuchliche Ausnutzung einer marktbeherrschenden Stellung. Dieses Manko wird um so fühlbarer, als wir in einer wachsenden Zahl von Märkten eine derartige Verengung der Oligopole feststellen, daß weitere Konzentrationen erhebliche Gefahren für die Marktstruktur begründen. Zwar wird jetzt der Fusionskontroll-Vorschlag der Kommission etwas seriöser als bisher im Rat behandelt; doch sehe ich kurzfristig noch keine Entscheidung.

In der Anwendung der Wettbewerbsregeln attackiert die Kommission prioritär Absprachen und Praktiken, die eine innergemeinschaftliche Marktabschottung bezwecken oder bewirken. Deswegen hat sie sich mehr als andere Kartellbehörden um vertikale Vertriebssysteme gekümmert. Sie entwickelte das Prinzip der Marktöffnung für Parallelimporte. Zunehmend wurden aber auch wichtige Entscheidungen gegen traditionelle Preis- und Quotenkartelle, gegen predatory pricing - und was so alles zum täglichen Geschäft gehört - getroffen. Die Strafen wurden konstant erhöht. Der Gerichtshof ist in der Regel der Kommission gefolgt.

Mit Ausnahme der Fusionskontrolle stehen also alle nötigen Instrumente zur Verfügung. Was die praktische Anwendung anlangt, so liegen die Grenzen allerdings im Zusammenfall von begrenzter Personallage einerseits und komplizierten Prozeduren andererseits.

(2) Noch bedeutsamer für den Gemeinsamen Markt sind Wettbewerbsverzerrungen, die durch staatliche Akte begründet werden. Nach der Basisdoktrin des EWG-Vertrages sind allgemeine Wettbewerbsverzerrungen (beispielsweise Unterschiede in den Sozialsystemen oder in den allgemeinen Abschreibungsregelungen) Teil der wirtschaftlichen Rahmenbedingungen, die sich im Prinzip über die

Wechselkurse ausgleichen. Eine Partialharmonisierung wird damit abgelehnt. Anders sieht es dagegen mit den speziellen Verzerrungen aus. Beruhen sie auf unterschiedlichen Rechts- und Verwaltungsvorschriften, so sind sie nach dem Verfahren des Artikels 101 - d.h. Ratsentscheidung mit qualifizierter Mehrheit - zu beseitigen. Ich kann mich an keinen Fall erinnern, der zu einer solchen Entscheidung führte.

Im Vordergrund der Diskussion in der Bundesrepublik stehen die staatlichen Beihilfen. Sie werden in allen Mitgliedstaaten gewährt - in unterschiedlicher Weise, mit unterschiedlichen Schwerpunkten. Alle sind Sünder. Oft genug steht man vor einem Gewirr direkter und indirekter Begünstigungen, in denen die wirkliche Inzidenz, der wirklich Begünstigte immer weniger herausgefunden werden kann - man denke nur an die Landwirtschaft. Die Leistungsfähigkeit einer Volkswirtschaft wird durch derartige Interventionen in der Regel nicht gestärkt, sondern geschwächt. Im konkreten Einzelfall sieht es jedoch anders aus: Unternehmen beklagen sich zu Recht, wenn sie auf Konkurrenten stoßen, die staatliche Finanzhilfen erhalten. An dieser Wettbewerbsverzerrung - und nicht an der Mittel-Fehlleitung als solcher - setzen die Vertragsregeln an.

(3) Der EGKS-Vertrag sieht in Artikel 4 c) ein striktes Verbot nationaler Beihilfen an Kohle- und Stahlunternehmen vor. Dieses Prinzip kam mit dem Beginn der Kohlekrise ins Schleudern, als mehrere Länder begannen, die heimische Kohle massiv zu subventionieren und die Hohe Behörde nicht dagegen einschritt. Beihilfen wurden als Nicht-Beihilfen deklariert oder schlechtweg ignoriert; schließlich wurde eine Theorie entwickelt, wonach Beihilfen an EGKS-Unternehmen, die im Rahmen allgemeiner Regelungen gewährt werden, nicht unter das Verbot fallen. Die Folge war ein unkontrollierter wettbewerbsverzerrender Beihilfen-Wettlauf in der Stahlindustrie. Durch die Einführung des Stahl-Beihilfen-Kodex von 1981 konnte die Situation wieder unter Kontrolle gebracht werden. Dieser Kodex verband Beihilfezahlungen mit Restrukturierungen, vor allem Kapazitätsreduzierungen. Jegliche Beihilfe wurde der Kontrolle der Kommission unterworfen. Die Regelung lief Ende letzten Jahres aus. Die gesteckten Ziele wurden erreicht. Zugleich entschied sich die Kommission für eine künftige strikte Auslegung von Artikel 4 c). Ausnahmen vom Beihilfe-Verbot (wie z.B. Schließungsbeihilfen oder Beihilfen für Umweltschutzmaßnahmen) bedürfen einer Entscheidung mit einstimmiger Zustimmung des Rates. Diese Regeln gelten selbstverständlich auch für Kohle.

(4) Der EWG-Vertrag verbietet nach Artikel 92 im Prinzip alle staatlichen Beihilfen zugunsten b e s t i m m t e r Unternehmen oder Sektoren, die den Wettbewerb verfälschen, soweit sie den Handel zwischen den Mitgliedstaaten beeinträchtigen. Er sieht aber auch Ausnahmen von diesem Prinzip vor. So sind

beispielsweise Zonengrenzbeihilfen mit dem Gemeinsamen Markt vereinbar, soweit sie zum Ausgleich der durch die Teilung Deutschlands verursachten Nachteile erforderlich sind. Die Kommission kann eine Reihe weiterer Beihilfen als mit dem Gemeinsamen Markt für vereinbar erklären: Beihilfen zur Förderung besonders benachteiligter Gebiete, zur Förderung wichtiger Vorhaben von gemeinsamem europäischen Interesse, zur Behebung einer beträchtlichen Störung im Wirtschaftsleben der Mitgliedstaaten. Am häufigsten wird eine Ausnahmeregelung angerufen, nach welcher Beihilfen zur Förderung der Entwicklung von Wirtschaftszweigen oder -gebieten insoweit genehmigt werden können, als sie - nach Art einer Generalklausel - die Handelsbeziehungen nicht in einer Weise verändern, die dem Interesse des Gemeinsamen Marktes zuwiderläuft. Besondere Regeln - jedoch keine generellen Freistellungen - gelten für Landwirtschaft und Verkehr.

Die EG-Beihilferegeln räumen der Kommission einen beachtlichen Interpretations- und Anwendungsspielraum ein. Nachfolgend sind einige Anhaltspunkte über den Gebrauch aufgeführt, den sie davon gemacht hat.

Was die Beihilfendefinition anlangt, legte die Kommission - zunehmend strengere - wirtschaftliche Kriterien an. So fallen beispielsweise unter diese Definition:

- Finanzleistungen des Staates an seine eigenen Unternehmen, die ein Privateigentümer vernünftigerweise nicht vornehmen würde,
- Finanzhilfen an Einzelunternehmen, die aus vom Staat verordneten parafiskalischen Abgaben der Branche aufgebracht werden,
- Umsetzung von niedrigen Zinssätzen aus steuerlich begünstigten Sparformen in zinsvergünstigte Kredite zugunsten von Unternehmen, die vom Staat bestimmt werden.

Mit der Entwicklung der wirtschaftlichen Schwierigkeiten stieg das Ausmaß der staatlichen Beihilfen. Die Kommission nahm demgegenüber in den letzten Jahren eine immer kritischere Haltung ein. Im gewerblichen Bereich wurden ihr bis Anfang der 70er Jahre jährlich etwa 20 - 30 Fälle - Beihilfensysteme oder Einzelbeihilfen - notifiziert. Ab Mitte der 70er Jahre stieg die Zahl rasch an. In den letzten Jahren lag sie bei jeweils 150 - 200. 1986 zeigte sich erstmals wieder ein fühlbarer Rückgang. Bis Ende der 70er Jahre war die Kommission relativ großzügig in der Genehmigung von Beihilfen. Die Zahl der Eröffnung von Prüfverfahren wegen angenommener Unvereinbarkeit mit dem Gemeinsamen Markt war gering. Seit 1981 hingegen hält sich die Zahl der Verfahrenseröffnungen konstant bei etwa einem Drittel der Notifizierungen. Während noch bis 1980 die Zahl der definitiven negativen Entscheidungen bzw. der Rücknahme der Beihilfeanträge wegen drohender Ablehnung bei einer bis drei jährlich lag, sprang sie 1981 auf 14 und 1983/84 auf jeweils etwa 30. Im letzten Jahr ging sie entsprechend dem Rückgang der Notifizierungen auf 18 zurück.

Die negativen Entscheidungen betrafen zu einem großen Teil sektorale Beihilfen, seien es Beihilfensysteme oder wichtige Einzelanwendungsfälle. Diese konsequente Politik der Kommission hat sicherlich dazu beigetragen, daß dieser Beihilfetyp - von einigen Ausnahmen wie Schiffbau oder Kohle abgesehen - keine zentrale Bedeutung mehr hat. Das dürfte übrigens auch ein wichtiger Grund für den Rückgang der Notifizierungs- und Ablehnungszahlen im letzten Jahr sein.

Eine immer kritischere Haltung hat die Kommission auch gegenüber Beihilfen eingenommen, die im Rahmen allgemeiner Beihilfensysteme für Einzelunternehmen gegeben werden. Dabei handelt es sich einerseits - insbesondere in Ländern, die keinen gut funktionierenden Kapitalmarkt haben (was ist Ursache und was ist Folge?) - um zinsvergünstigte Kredite für Restrukturierungs- und Modernisierungsinvestitionen, andererseits um Hilfen für Firmen in Schwierigkeiten. Ich habe den Eindruck, daß auch derartige Beihilfen zurückgehen. Zwei ablehnende Entscheidungen über Anwendungsfälle des allgemeinen Beihilfenregimes hob allerdings der EuGH auf, weil die Kommission keinen Beweis für die innergemeinschaftliche Handelsbeeinträchtigung habe antreten können. In einem dieser Fälle habe sie auch nicht bewiesen, warum es mehr im Gemeinschaftsinteresse läge, daß das betreffende marode Unternehmen schließt, als daß es durch eine Beihilfe am Leben bleibt.

Zunehmende Bedeutung erhalten Forschungsbeihilfen. Sie erscheinen auf den ersten Blick noch am ehesten wachstumsfördernd und am wenigsten wettbewerbsverzerrend. Auch ist man leicht geneigt, diese Beihilfen mit den noch höheren Beträgen zu vergleichen, die über verschiedene Forschungs- und Militärprogramme in die US-Wirtschaft fließen. Doch sollten die Gefahren nicht übersehen werden. Finanziert die Beihilfe eine Forschung, die ohnehin durchgeführt wird, dann stärkt sie doch nur die Kasse des begünstigten Unternehmens - was wettbewerblich besonders bedenklich ist, wenn es sich um ein Großunternehmen handelt. Anderseits könnte eine Mentalität begünstigt werden, nach der in erster Linie dort geforscht wird, wo es 'Staatsknete' gibt. Die Kommission hat kürzlich Leitlinien erlassen, die Obergrenzen für derartige Beihilfen festlegen und die Notifizierungsverpflichtung klarlegen.

Der nächste große Block sind die Regionalbeihilfen. Sie werden massiv nicht nur in wirklich armen peripheren Regionen der Gemeinschaft gewährt, sondern auch in einigen zentralen Ländern. In der Bundesrepublik deckt die Förderkulisse etwa 65 v.H. des Territoriums ab, in dem 45 v.H. der Bevölkerung leben. In den letzten Jahren hat die Kommission versucht, die beihilfebegünstigten Gebiete -

zumindest in den zentralen Regionen - etwas zurückzudrängen und die Kumulierung verschiedener Beihilfearten mit den Regionalbeihilfen besser zu kontrollieren. Andererseits fördern Stahl- und Schiffbaukrise die Ausweitung derartiger Regionen.

Die Beihilferegelungen liefern natürlich Stoff für einen permanenten Konflikt zwischen Mitgliedstaaten und Kommission. Die Staaten behalten Freiheit für ihre Wirtschaftspolitik; ein wichtiges Instrument dieser Politik ist - wenn auch nur unter dem Aspekt der Wettbewerbsverfälschung - der supranationalen Kontrolle der Brüsseler Behörden unterworfen. Das paßt weder denjenigen, für die der Begriff der Supra-Nationalität ein rotes Tuch darstellt, noch denjenigen, die meinen, sie hätten ohnehin die beste aller Politiken und niemand dürfe etwas daran rühren.

Diese Widerstände dürfen die Kommission nicht verdrießen. Weitere Fortschritte in der Verwirklichung des Gemeinsamen Marktes müssen sich - das entspricht dem EWG-Vertrag - in einer konsequenten Anwendung der Beihilfebestimmungen durch die Kommission niederschlagen.

(5) Meine Ausführungen betrafen die Beihilfen der gewerblichen Wirtschaft. Der größte Beihilfenkomplex betrifft aber die Landwirtschaft. Die gegenwärtigen Marktordnungspreise enthalten auch ein beachtliches Element an Produktionsbeihilfen. Ihre 'raison d'être' ist sicherlich nicht die Produktion von Überschüssen, sondern die Einkommenssicherung. Darüber hinaus gibt es weitere erhebliche Beihilfen, die insgesamt über das hinausgehen, was der gewerblichen Wirtschaft zugute kommt. Dabei geht es um Struktur-, Sozial- und Einkommensbeihilfen. In der Tat wird, primär aus sozialen und politischen Gründen, in allen Mitgliedstaaten der Gemeinschaft der Landwirtschaft eine Sonderstellung eingeräumt. Die Allokationsfunktion des Marktes wird damit für eine Reihe von Produktionen außer Kraft gesetzt.

(6) Der Vollständigkeit halber sei noch ein Wort zur Außenhandelspolitik hinzugefügt, die übrigens als Teil einer umfassenden Wettbewerbspolitik anzusehen ist.

Der EWG-Vertrag begründet die handelspolitische Alleinzuständigkeit der Gemeinschaft (die allerdings in der Praxis noch durch verschiedene einzelstaatliche Regelungen und Aktionen unterlaufen wird). Der Rat entscheidet mit qualifizierter Mehrheit; die Gemeinschaft ist also handlungsfähig. Als Zielvorstellung wird im Rom-Vertrag u.a. auf die harmonische Entwicklung des Welthandels und den Abbau der Handelsschranken hingewiesen.

Seine Bewährungsprobe hat dieses System auf dem Höhepunkt der Ölkrise bestanden: Nur die Existenz der Gemeinschaft, ihrer Institutionen und Prozeduren verhinderte gravierende protektionistische Alleingänge großer europäischer

Länder, die nur zu leicht eine weltweite Kettenreaktion hätten auslösen können. Auch wäre es ohne die Existenz der Gemeinschaft schwerlich zu den letzten großen GATT-Runden gekommen. Andererseits stellen sich die Agrarprobleme, auf die ich hier nicht weiter einzugehen brauche, weil sie in allen Zeitungen stehen. Hoffen wir nur, daß eine Revision der gemeinsamen Agrarpolitik uns wieder größeren Handlungsspielraum im Sinne der handelspolitischen Ziele des Rom-Vertrages gibt.

VI.

(1) Zusammenfassend ist zu sagen: Wir haben eine Zollunion. Und für viele - insbesonders konsumnahe - Produkte kann von binnenmarktähnlichen Verhältnissen gesprochen werden. Doch haben wir noch keinen echten Binnenmarkt, keinen 'Raum ohne Binnengrenzen'. Die gegenwärtige Situation ist Ausdruck von Unausgewogenheiten im EWG-Vertrag, von Verzögerungen der Mitgliedstaaten gegenüber binnenmarkt-relevanten Fortschritten, aber auch von Versäumnissen der EG-Kommission.

Die Kommission hat nun ein konkretes kohärentes Binnenmarkt-Programm vorgelegt. Der Europäische Rat hat es abgesegnet. Das Luxemburger Vertragsreform-Paket sieht ein notwendiges Minimum von Erleichterung der Entscheidungsprozeduren vor. 'Les forces vives de l'économie' drängen auf eine Durchführung. So bestehen nunmehr reale Chancen für die Errichtung des EG-weiten Binnenmarktes. Die anderen für einen Gemeinsamen Markt notwendigen Politiken und Maßnahmen werden sicherlich demgegenüber nicht nachhinken, zumal dafür die Vertragsbestimmungen - zu denken ist insbesondere an die Wettbewerbsvorschriften - deutlicher und wirksamer auf das gute Funktionieren des Gemeinsamen Marktes abgestellt sind.

(2) Zwei Grundbedingungen möchte ich aber zum Schluß nennen, über die man sich im klaren sein muß, gerade auch in der Bundesrepublik:

- Die erste ist die Globalität oder Universalität eines Gemeinsamen Marktes. Man kann ihn nicht alleine für die Bereiche haben, in denen man sich stark fühlt. Ein Gemeinsamer Markt für die Industrie bei einer Renationalisierung der Agrarpolitik ist unmöglich. Wer so etwas fordert, ist unglaubwürdig. Genau so wenig gibt es einen Gemeinsamen Markt ohne freien Geld- und Kapitalverkehr.
- Die zweite Grundbedingung wird mit dem Wort 'Solidarität' beschrieben. Der EG-Vertrag sieht den Gemeinsamen Markt nicht als Selbstzweck, sondern als Mittel u.a. zur harmonischeren Entwicklung des Wirtschaftslebens, zum ausgewogeneren Wirtschaftswachstum. Dieses wurde im Kapitel 'Wirtschaftlicher und sozialer Zusammenhalt' der kürzlich beschlossenen Vertragsänderung aus-

drücklich wiederholt. Dazu gehört die Verringerung des Rückstandes weniger begünstigter Gebiete. Da stellt sich zunächst die Frage: Wie können die ärmeren Länder gegen die Beihilfen der reicheren konkurrieren? Damit sind einmal die erheblichen Regionalbeihilfen in wohlhabenden, im Zentrum der Gemeinschaft liegenden Ländern angesprochen, aber auch die massiven Forschungsbeihilfen in finanzstarken Ländern. Wie stünde es mit Zusammenhalt und Lebensfähigkeit eines Gemeinsamen Marktes, wenn Forschung und technischer Fortschritt auf traditionell reiche Länder konzentriert würden?

Damit stellt sich die nächste Frage: Liegt es nicht auch im wohlverstandenen Interesse der reichen Länder, ihren ärmeren Partnern Transferzahlungen zu gewähren, die ihnen bei der wirtschaftlichen Umstrukturierung helfen? Wenn sie zu Recht die Solidarität ihrer schwächeren Partner fordern, soweit es um die beschleunigte Errichtung eines - nicht protektionistischen - Binnenmarktes geht, so dürfen sie nicht vergessen, daß dies auch finanzielle Solidarität für die weniger entwickelten und leistungsfähigen Teile der Gemeinschaft impliziert. Ohne eine - durchaus nicht unkritische - Verpflichtung zur gegenseitigen Solidarität - und zur Vermeidung von Mißverständnissen wiederhole ich das Wort 'Gegenseitigkeit', welche die Hilfe der Starken für die Schwachen einschließt -, wird es zu keinem Gemeinsamen Markt kommen, wird der Begriff 'Gemeinschaft' ein leeres Wort bleiben.

VORSITZENDER

Herr Dr. CASPARI, haben Sie vielen Dank für Ihre deutlichen Ausführungen, die sicherlich unsere Diskussion beflügeln werden. Doch zuvor wird Herr Prof. SCHEID die für heute vorgesehenen Referate beschließen.

Europäische Industrie- und Technologiepolitik als 'industrial targeting'
RUDOLF SCHEID

Die europäische Technologiepolitik ist eine noch recht junge Disziplin. Ihren Anfang nahm sie mit einem Ministerratsbeschluß vom 14. Januar 1974. [1] In den folgenden Jahren kam es zu einer raschen Entwicklung. Diese ist durch die besonderen Verhältnisse im Zusammenhang mit der ersten Ölpreiskrise beschleunigt worden.

Der EG-Technologiepolitik waren mehr als zehn Jahre vergeblicher Harmonisierungsversuche auf dem Gebiet der Industriepolitik vorausgegangen. Mit wechselnden Bezeichnungen hatte die Kommission versucht, eine europäische Industriepolitik zu konzipieren. Dabei ging es ihr vor allem darum, die Industrieunternehmen zu veranlassen, die Spezialisierungsvorteile der Integration - von der Kommission die 'Europäische Dimension' genannt - in gemeinschaftsförderliche, wohlstandssteigernde Skalenerträge umzusetzen. So mühsam die Versuche waren, so gering waren ihre Ergebnisse. Die anfänglich voluminösen Berichte [2] zur Industriepolitik schrumpften schließlich immer mehr, bis sie sich fast vollständig in Gemeinplätze verflüchtigten. [3]

Mit den Berichten verschwanden auch die dirigistischen Ambitionen, von denen die ersten Konzepte noch beherrscht wurden. Es erwies sich praktisch als unmöglich, die nationalen 'Industriepolitiken' der EG-Länder zu koordinieren oder auch nur an gemeinsamen Zielen zu orientieren. Das lag zum größten Teil daran, daß die ordnungspolitischen Vorstellungen der EG-Länder untereinander stark abwichen. Zum anderen spielte eine Rolle, daß die industriepolitische Praxis überall eher auf Erhaltungsinterventionen gerichtet war als auf vorausgreifende Anpassung. Das gilt auch für die Bundesrepublik. [4] Die Bundesregierung beschäf-

---

1) Entschließung des Rates über die Koordinierung der einzelstaatlichen Politik und die Definition der Aktionen von gemeinschaftlichem Interesse im Bereich der Wissenschaft und Technologie, Amtsblatt der Europäischen Gemeinschaft G 7 vom 29.1.1974, S. 2 ff.
2) Vgl. EG-Kommission, Memorandum über die Industriepolitik der Gemeinschaft vom 19.3.1970 sowie Mitteilung der Kommission zum Programm für eine Industrie- und Technologiepolitik vom 3.5.73, Brüssel, SEK (73) endg.
3) Vgl. Industriestrategie der Gemeinschaft, Mitteilung der Kommission an den Rat vom 16.3.83, Brüssel.
4) Unter den EG-Ländern hat sich die Bundesrepublik als einziges Mitgliedsland im Jahre 1968 durch einen Beschluß des Parlaments 'Grundsätze der sektoralen Strukturpolitik' gegeben. Diese Grundsätze sind ein konzeptioneller Versuch, industriepolitische Maßnahmen in die marktwirtschaftliche Ordnung einzugliedern, gleichwohl aber den wirtschaftspolitischen Entscheidungsspielraum so groß zu halten, daß der Strukturwandel sowohl beschleunigt als auch gebremst werden kann. Vgl. Deutscher Bundestag 5. Wahlperiode, Drucksache V/1988, V/2469.

tigte und beschäftigt sich auch heute noch industriepolitisch fast ausschließlich mit Krisenbranchen. Demgegenüber verfolgte Frankreich daneben stets auch merkantilistische Ziele, wie es die Regierungen einiger deutscher Bundesländer heute ebenfalls tun.

Auf dem Gebiet der Industriepolitik kann die EG-Kommission nur an vage Vertragsvorschriften anknüpfen, eine originäre Kompetenz hat sie nicht. Industriepolitik - von der EG-Kommission anfangs stets 'sektorielle Politik' genannt - hängt eng mit der Handelspolitik zusammen. Das hat damit zu tun, daß es bei der Industriepolitik häufig um strukturelle Anpassung an - sich rasch ändernde - internationale Wettbewerbsbedingungen geht. Hier ergaben sich ab 1973 erste Aktionsmöglichkeiten dadurch, daß die EG-Kommission die handelspolitische Kompetenz erhielt, für alle EG-Länder zu handeln. Es zeigte sich aber bald, daß hierbei protektionistische Zielsetzungen und Eingriffe einzelner Mitgliedstaaten den Spielraum für eine offensive Kombination von Industrie- und Handelspolitik einengten. [5]

Es gibt im EG-Vertrag einen weiteren Anknüpfungspunkt für die Harmonisierung der industriepolitischen Maßnahmen und Bestrebungen der Mitgliedsländer, und zwar den Artikel 92, der die Beihilfenthematik regelt. Wie wenig die Kommission mit dieser Handhabe anfangen konnte, zeigt sich daran, daß die Beihilfen nach wie vor - sogar mit zunehmender Tendenz - bis über die Grenzen der budgetären Möglichkeiten hinaus gewährt werden, wenn auch - unter dem Regime des EGKS-Vertrages - weit mehr im Montanbereich als in der übrigen gewerblichen Wirtschaft.

Die Beihilfenregelungen des Artikel 92 enthalten eine Öffnungsklausel, die zu Mißbrauch einlädt. Gemäß der Vorschrift dieses Artikels sind Beihilfen nur dann mit dem EG-Vertrag nicht vereinbar, wenn sie den Wettbewerb verfälschen und den Handel zwischen Mitgliedstaaten beeinträchtigen. Damit kann einer begünstigenden nationalen Beihilfenpolitik nur dann entgegengetreten werden, wenn ihre wettbewerbsverfälschende und handelsbeeinträchtigende Wirkung erwiesen ist. Diese Voraussetzung läßt sich fast in jedem Fall umgehen. Der ausführliche Absatz 3 regelt zudem so viele Ausnahmen, daß die Intention der Vorschrift industriepolitisch substanzlos wird. Nur eine Regelung, die Beihilfen grundsätzlich verboten und eventuelle Ausnahmen an sehr eng definierte Kriterien gebunden hätte, wäre als Anknüpfungspunkt für eine ordnungspolitisch konsensfähige EG-Industriepolitik in Betracht gekommen.

5) Vor allem wurden die nationalen Ausnahmegenehmigungen, die der Artikel 115 erlaubt, in der Folgezeit bis zur Aushöhlung des Gemeinsamkeitspostulats in Anspruch genommen.

I. Wende zur Forschungspolitik

Die große Wende zeichnete sich mit der ersten Ölkrise in den Jahren 1974/75 ab. Mit ihr entstand ein Problemkomplex, der die europäischen Länder in mehr oder weniger gleicher Weise traf, der sich um ein definierbares Thema gruppierte und der im großen und ganzen gleichartige Reaktionen forderte.

Damit hatte die EG-Kommission ein integrierendes Thema gefunden, das einerseits über die Industriepolitik hinaus reichte und andererseits einen wesentlichen Teilausschnitt von ihr bildete. Bereits nach kurzer Zeit kam es zu einer EG-Technologiepolitik, die sich zunächst noch nicht als Fortsetzung der EG-Industriepolitik verstand, weil sie in ihrer Frühphase lediglich auf eine sektorale Krisenlage reagieren wollte. Bald zeichnete sich aber ab, daß die Reaktionsmöglichkeiten auf die entstandene Herausforderung vielgestaltig und zukunftsträchtig waren, angefangen von neuen Energiespartechniken über Produkt- und Verfahrenssubstitutionen, alternativen Energien bis hin zur Kernfusion. Auf allen diesen Gebieten ist die EG technologie- und forschungspolitisch tätig geworden. Ende der 70er Jahre flossen mehr als 70 v.H. ihrer Forschungsmittel in die Energieforschung. Im Zuge dieser Entwicklung gelang es der Kommission auch, zu einer gewissen Harmonisierung der Zielsetzungen und Maßnahmen in den Mitgliedsländern zu kommen, was ihr bei der Industriepolitik stets versagt geblieben war. Einen Teil ihrer handelspolitischen Kompetenz nutzte die Kommission, um die Maßnahmen zur Sicherung der Versorgung mit Energie-Rohstoffen außenpolitisch zu flankieren.

Bei diesen Bestrebungen gerieten die sogenannten neuen Technologien (Mikroelektronik, Biotechnik) weitgehend aus dem Blickfeld. Das gilt mit Einschränkungen auch für die einzelnen EG-Mitgliedsländer. Überall dominierten die Anstrengungen, mit der akuten Problematik der Energieversorgung zurechtzukommen. Demgegenüber hatte sich in den USA und in Japan bereits Mitte der 70er Jahre die Erkenntnis durchgesetzt, daß die Mikroelektronik die Basistechnologie des nächsten Jahrzehnts werden würde. Während die Europäer noch lange Zeit - durch die zweite Ölkrise im Jahre 1980 sogar erneut dazu angefeuert - ihre Anstrengungen auf das Energiethema richteten, hatten die beiden anderen Industriezentren der Welt die Umorientierung auf die Mikroelektronik technologiepolitisch längst vollzogen und die nötigen Umstrukturierungen eingeleitet.

Heute kann man feststellen, daß die USA und Japan die richtige technologiepolitische Option gewählt haben, wenngleich nicht zu bestreiten ist, daß die Konzentration der Mittel in Europa auf die Energietechnik alles andere als erfolglos gewesen war. So ist es zu einer eindrucksvollen Lockerung der Abhängigkeit von den Ölländern gekommen, und europäische - insbesondere deutsche - Kernkraftwerke erreichten den weltweit höchsten Verfügbarkeitsstand und Sicherheitsgrad. Die deutsche Kernkraft-Leittechnik nimmt in der Welt eine Spitzenposition ein. Niemand kann heute schon sagen, ob die noch anhaltenden großen Anstrengungen der EG, in der Kernfusionstechnik weiter zu kommen, nicht eines Tages von außerordentlicher Bedeutung sein werden. Insofern führt die kritische Auseinandersetzung mit der europäischen Technologiepolitik der 70er Jahre nicht zu der Feststellung ihres Scheiterns, aber es kann kein Zweifel daran bestehen, daß es bei ihrer Prioritätenwahl zu erheblichen Fehlentwicklungen gekommen war.

Seit Beginn dieses Jahrzehnts hat sich jedoch vieles geändert: Nach wie vor dominiert im gesamten Forschungsbudget der EG-Kommission zwar die Energietechnik, aber gleichwohl ist es zu einer eindrucksvollen Umorientierung in kurzer Zeit gekommen (vgl. Übersicht 1).

II. Prioritäten und Kriterien

In den Veröffentlichungen zu technologiepolitischen Fragen hebt die Kommission regelmäßig die Vorteile hervor, die "ein gemeinschaftliches Vorgehen gegenüber nationalen Alleingängen" hat. [6] Um dies zu belegen, nennt sie - mit wechselnden Prioritäten - eine Reihe forschungspolitischer Förderkriterien. Danach sollen Forschungsvorhaben unterstützt werden,

- die einen sehr großen Umfang haben und deshalb die finanziellen Möglichkeiten des einzelnen Mitgliedstaates übersteigen,
- die rationeller im EG-Gemeinschaftsrahmen aufgenommen werden können als in anderen Kooperationsformen,
- die die einzelstaatliche Forschung sinnvoll ergänzen und Ergebnisse für die Gemeinschaft versprechen,
- die zur Überwindung der wissenschaftlichen und technischen Grenzen in Europa beitragen (u.a. einheitliche Normen).

Die EG-Kommission stützt ihre Technologiepolitik überwiegend auf die Vertragsforschung im Rahmen ihrer Einzelprogramme. Daneben unterhält sie eine eigene Forschungskapazität in vier Forschungszentren (Ispra/Italien, Geel/Belgien, Petten/Niederlande und Karlsruhe). Diese Gemeinschaftlichen Forschungsstellen (GFS) beschäftigen rd. 2 000 Mitarbeiter und verfügen über einen Etat von rd. 400 Mio. DM. Die Arbeitsschwerpunkte sind:

- Nukleare Sicherheit und Umweltschutz (Ispra),
- Aktinidenforschung (Karlsruhe),
- Kernmessung und Referenzmaterialien (Geel),
- Betrieb des Materialprüfungsreaktors HFR(Petten).

6) EG-Kommission (Hrsg.), Die europäische Forschungspolitik, Stichwort Europa, Nr. 15/85, S. 5.

Übersicht 1

Rahmenprogramm 1984 bis 1987
einschließlich des vorgesehenen Finanzvolumens

	(in Mio.) ECU	(in v.H.)
1. Förderung der landwirtschaftlichen Wettbewerbsfähigkeit:	130	3,5
– Verbesserung der landwirtschaftlichen Produktivität und der Qualität der Erzeugnisse:		
– Landwirtschaft	115	
– Fischerei	15	
2. Förderung der industriellen Wettbewerbsfähigkeit:	1060	28,2
– Beseitigung und Reduzierung der Hemmnisse	30	
– neue Techniken und neue Erzeugnisse für die herkömmlichen Industrien	350	
– neue Technologien	680	
3. Verbesserung der Bewirtschaftung der Rohstoffe	80	2,1
4. Verbesserung der Bewirtschaftung der Energieressourcen:	1770	47,2
– Entwicklung der Kernspaltungsenergie	460	
– kontrollierte thermonukleare Fusion	480	
– Entwicklung regenerativer Energiequellen	310	
– rationelle Energienutzung	520	
5. Verstärkung der Entwicklungshilfe	150	4,0
6. Verbesserung der Lebens- und Arbeitsbedingungen:	385	10,3
– Verbesserung der Sicherheit und Schutz der Gesundheit	190	
– Umweltschutz	195	
7. Verbesserung des Wirkungsgrads des wissenschaftlichen und technischen Potentials der Gemeinschaft:	85	2,3
horizontale Aktionen	90	2,4
	3750	100,0

Quelle: Europäische Gemeinschaft, Die Forschungspolitik der EG, Luxemburg 1984, S. 13.

Daneben gibt es den Sonderfall des Fusionsexperiments 'Joint European Torus' (JET) in Culham, das seit 1983 in Form eines selbständig operierenden 'Gemeinsamen Unternehmen' in Betrieb ist. Die EG finanziert das Unternehmen zu 80 v.H.

Das typische Instrument der Programmabwicklung ist die V e r t r a g s - f o r s c h u n g . Auf der Basis von 50-prozentigen Beteiligungen werden Durchführungsverträge mit Forschungszentren, Universitäten und privaten Unternehmen abgeschlossen. FuE-Vorschläge können von jeder natürlichen oder juristischen Person des öffentlichen oder privaten Rechts im Hoheitsgebiet der Mitgliedstaaten eingereicht werden. Die Kommission entscheidet nach Stellungnahme eines beratenden Ausschusses. Als Kriterien legt sie zugrunde: [7]

- Relevanz für die Gemeinschaft,
- wissenschaftlich-technische Leistungsfähigkeit des Antragstellers,
- die Originalität des vorgeschlagenen Vorhabens,
- die wissenschaftlich-technische Durchführbarkeit,
- die Höhe der finanziellen Beteiligung des Antragstellers.

Ergänzend zur Vertragsforschung beteiligt sich die EG-Kommission an D e m o n s t r a t i o n s v o r h a b e n . Sie finanziert teilweise oder ganz Pilotprojekte mit dem Ziel, "das Innovationsrisiko bei der Einführung neuer Technologien zu vermindern." Die Projekte sollen grenzüberschreitend und "beispielhaft für den Gesamtraum der Gemeinschaft sein". [8]

Im Sinne ihrer ursprünglichen Harmonisierungsaufgabe koordiniert die Kommission wisssenschaftliche Vorhaben, deren 'Rahmen' auf Gemeinschaftsebene festgelegt wird, deren einzelne 'Bestandteile' jedoch von den Mitgliedstaaten finanziert und verantwortet werden. Neben der Koordinierung ist die Kommission um den Know how-Transfer zwischen den Forschungsstellen bemüht.

Für alle Formen der FuE-Förderung durch die EG gibt es ein detailliertes System der Sicherung und Verwertung von Schutzrechten (Patente, Lizenzen, Erfindungen). Dazu gehört auch die Regelung der Ansprüche, die der Kommission aus von ihr finanzierten Projekten zufließen. Außerdem sind in den Forschungsverträgen die Veröffentlichungsrechte und -pflichten im Sinne einer möglichst weiten und schnellen Diffusion der Forschungsergebnisse geregelt.

---

7) Vgl. EG-Kommission, Vademekum der EG-Forschungsförderung, Brüssel 1984, S. 9.
8) EG-Kommission, Vademekum, a.a.O., S. 9.

Die EG-Technologiepolitik stützt sich auf fünf Komponenten: [9]

- Intensivierung der Zusammenarbeit europäischer Unternehmen im vorwettbewerblichen Raum, d.h. bei FuE,
- Öffnung des Zugangs zu öffentlichen Ausschreibungen mit dem Ziel, zu Skalenerträgen aus Spezialisierung und Serienfertigung zu kommen,
- Entwicklung einer transnationalen kommunikationstechnischen Infrastruktur mit dem Ziel, eine bild-, sprach- und datenintegrierende Kommunikation unter Einbeziehung der Kommunikation über Satelliten zu ermöglichen,
- Programmierung von Art und Gestalt der künftigen öffentlichen Kommunikationsnetze,
- Vereinheitlichung der Ausrüstungen und Dienstleistungen hinsichtlich der technischen Parameter (Normen, Standards, Schnittstellendefinitionen etc.).

III. Das Rahmenprogramm

Das erste große 'Rahmenprogramm für Wissenschaft und Technik' entstand für den Zeitraum 1984 bis 1987. Es wurde im Juli 1983 vom EG-Ministerrat verabschiedet und enthält sieben Themengruppen (vgl. Übersicht 2). Die vom Ministerrat auf Vorschlag der Kommission gebildeten Schwerpunkte stellen nach eigenen Bekundungen [10] eine Prioritätenskala dar. Es ist aufschlußreich, aber nicht überraschend, daß die 'Förderung der landwirtschaftlichen Wettbewerbsfähigkeit' dabei an erster Stelle steht. Es folgen die

- Förderung der industriellen Wettbewerbsfähigkeit,
- Verbesserung der Rohstoffbewirtschaftung,
- Verringerung der Energieabhängigkeit,
- Verstärkung der Entwicklungshilfe,
- Verbesserung der Lebens- und Arbeitsbedingungen sowie
- Verbesserung des Wirkungsgrades des wissenschaftlichen und technischen Personals.

Im Rahmen dieses Programms erreichen die Forschungs- und Entwicklungsausgaben für die Energieforschung zwar nur noch knapp 50 v.H.; sie sind damit jedoch nach wie vor der mit Abstand größte Einzelposten. Der Grund hierfür liegt in der überaus aufwendigen Fusionsforschung im Rahmen von EURATOM.

Das Rahmenprogramm erreicht mit knapp 4 Mrd. ECU einen Betrag von rd. 10 Mrd. DM. Bereits zur Jahresmitte 1985 waren etwa 3,3 Mrd. ECU für

---

9) Vgl. EG-Kommission (Hrsg.), Das Europa der neuen Technologien, Stichwort Europa, Nr. 8/84, S. 7.
10) Vgl. EG-Kommission (Hrsg.), Die europäische Forschungspolitik, a.a.O., S. 4.

Übersicht 2

Anteil der Forschungsausgaben in v.H. 1983

Land	Jahr	
	Gesamt	Ohne Verteidigung
Vereinigte Staaten	2,70	1,92
Japan	2,62	2,57
Bundesrepublik Deutschland	2,59	2,47
Frankreich	2,14	1,70
Großbritannien	2,27	1,50

Verteilung öffentlicher Forschungsmittel nach Sachgebiet 1983 in v.H.

Land	Verteidigung	Weltraum	Energie	Gesundheit	Industrie
Vereinigte Staaten	64,3	5,5	6,6	11,5	0,3
Bundesrepublik Deutschland	9,4	4,3	16,9	4,1	11,0
Frankreich	33,2	4,4	7,1	4,3	12,4
Japan	2,4	5,8	12,5	2,6	6,0
Großbritannien	50,0	1,9	5,4	1,3	6,5

Quelle: National Science Foundation, International Science and Technology Data Update 1985.

neue Einzelforschungsprogramme sowie für die Fortsetzung früher eingeleiteter Programme und Maßnahmen bewilligt. Dabei sind die Arbeiten zu den Themen 'industrielle Wettbewerbsfähigkeit' und 'Energietechnik' zügig vorangekommen, während die Themen 'landwirtschaftliche Wettbewerbsfähigkeit' und 'Entwicklungspolitik' zurückblieben.

Innerhalb des Industrieteils ist das 1984 gestartete Einzelprogramm 'European Strategic Program for Research in Information Technology' (ESPRIT) nach dem Urteil der Kommission besonders erfolgreich angelaufen. [11] ESPRIT richtet sich auf fünf Themenkreise:

- Fortgeschrittene Mikroelektronik (Höchstintegrationstechnik = Very Large Scale Integration, VLSI),
- Fortgeschrittene Informationsverarbeitung (Direktkommunikation Mensch/Maschine in Sprache und Bild),
- Software-Technologie (Entwicklung einer neuen Software-Generation),
- Büroautomation (Bild und Sprache integrierende Kommunikation, maschinelle Textübersetzung),
- Computergesteuerte Fertigung (Fertigungsautomation, Architektur integrierter Systeme, Robotertechnik, einschließlich dazugehörender Software).

Das Gesamtprogramm erstreckt sich auf zehn Jahre. Für die ersten fünf Jahre sind 1,5 Mrd. ECU vorgesehen, die jeweils zur Hälfte von der EG-Industrie und der EG-Kommission aufgebracht werden. Die Kommission hat ihre Absicht bereits angekündigt, das Programm schon in den nächsten Jahren um einen mehrfach größeren Betrag aufzustocken. Seit 1984 wurden im Rahmen von ESPRIT über 200 Forschungsprojekte aufgegriffen. An ihnen beteiligen sich rd. 200 Einrichtungen der Industrie sowie rd. 150 Universitäten und Forschungsinstitute.

Auf noch größere Resonanz traf das Entwicklungs- und Anwendungsprogramm 'Basic Research in Industrial Technologies for Europe' (BRITE). Angestrebt werden dabei Kooperationen zwischen Forschungsstellen und Unternehmen mit dem Ziel verstärkter Anwendung neuer Techniken, Entwicklung neuer Werkstoffe, Technologie der Prozeßautomatisierung u.a.m. Hier gingen auf die erste Aufforderung 565 Vorschläge ein. Durchschnittlich waren dabei vier Partner beteiligt. BRITE befindet sich allerdings noch in der Startphase, wohingegen ESPRIT bereits in die zweite Phase einmündet. [12]

---

11) Vgl. Vereinigte Wirtschaftsdienste (VWD) v. 30.1.1986, S. 10.
12) Noch im Laufe dieses Jahres werden rd. 2 000 Wissenschaftler und Ingenieure ausschließlich für die ESPRIT-Forschung tätig werden, nachdem im zurückliegenden Jahr 1 300 Forscher im Rahmen des Programms beschäftigt waren.

IV. Testfall ESPRIT

Da sich ESPRIT mit den informationstechnischen Schlüsselindustrien der elektronischen Datenverarbeitung befaßt, betrifft das Programm ein breites Anwendungsspektrum der mikroelektronischen Basistechnologie. Es spielt daher eine hervorgehobene Rolle in der EG-Technologiepolitik. Erfolg oder Mißerfolg von ESPRIT werden zum Test dafür, ob die Umsteuerung der industriepolitischen Bestrebungen in die europäische Technologiepolitik gelungen ist.

Der industriepolitische Bezug des Programms ergibt sich vor allem daraus, daß Europa im Vergleich zu den beiden übrigen industriellen Weltzentren, den USA und Japan, gerade auf informationstechnischem Gebiet deutlich zurückgefallen war. Das zeigte sich besonders in der Produktion und in der Anwendung von integrierten Schaltungen. Die Vorsprünge der beiden Konkurrenzländer drohten, sich immer weiter zu vergrößern. Über Ursachen und Folgen ist sehr viel gesagt und geschrieben worden. Unbestritten ist, daß die Vorrangstellung der USA durch den enormen Aufwand für die Weltraumprogramme, für die Rüstung und generell durch eine innovationsorientierte Nachfrage des Staates herbeigeführt wurde. Japan ist dagegen den Weg der staatlich initiierten und geförderten Kooperation und des nationalen Konsens zur massiven Stärkung der Kapitalbildungskraft der High Tech-Unternehmen gegangen. In beiden Fällen gab es ein hohes Maß an industriepolitischen Zielvorgaben (industrial targeting), wenn auch aus einer sehr unterschiedlichen Motivlage heraus und mit sehr verschiedenen Methoden.

Wie groß die Anstrengungen waren, die beide Länder auf sich genommen haben, zeigt sich einerseits in den Defiziten des US-amerikanischen Bundeshaushaltes, die zu einem großen Teil durch die Priorität der Ausgaben für die verstärkte Anwendung der neuen Technologien auf den genannten Gebieten verursacht wurden. Andererseits läßt eine Analyse der makroökonomischen Verteilungsrelation und ihrer Entwicklung in Japan erkennen, daß im kritischen Jahrfünft von 1975 bis 1980 nahezu das gesamte Wachstum des Sozialprodukts dem privaten Unternehmenssektor zugeflossen ist. [13] Daran hat sich auch im Zeitraum von 1980 bis 1985 nur wenig geändert. [14]

---

[13] Vgl. Keizai (Hrsg.), Japan 1981. In International Comparison, Koho Center, Tokyo 1981, S. 58.
[14] Vgl. ders. (Hrsg.), Japan 1985. In International Comparison, Koho Center, Tokyo 1985, S. 6, S. 72 ff.

Mit diesen Entwicklungen konfrontiert, erschien die Intensivierung der Technologiepolitik sowohl in den einzelnen EG-Ländern als auch im Gemeinschaftsrahmen der EG geboten, um die Wettbewerbsfähigkeit der europäischen Unternehmen zu verteidigen. Immer weniger überzeugten die liberalen Empfehlungen, dies dem Markt zu überlassen, während in den konkurrierenden großen Industriezentren massiv gefördert wird. Die im Wettbewerb unmittelbar Betroffenen hielten sogar alle noch so großen industriepolitischen Anstrengungen zur Steigerung der technologischen Wettbewerbsfähigkeit für einen zu langwierigen und unsicheren Umweg. Sie forderten statt dessen unmittelbaren handelspolitischen Schutz, vor allem gegenüber der japanischen Strategie der Konzentration auf bestimmte Märkte technologisch interessanter und entwicklungsfähiger Massenprodukte.

Vor diesem Hintergrund läßt sich die EG-Technologiepolitik als ein offensiver Versuch interpretieren, durch Steigerung der Wettbewerbsfähigkeit protektionistische Zwangslagen zu vermeiden. Sie stünde damit in einem ordnungspolitisch positiv zu wertenden Gegensatz zu den herkömmlichen industriepolitischen Reaktionen, die im allgemeinen der defensiven Anpassung den Vorzug geben und dabei vielfach auf protektionistische Abschirmung angewiesen sind.

V. Mehr staatliche Technologietransfers?

Die EG-Kommission vertritt die weithin akzeptierte Auffassung, daß die europäischen Forschungsanstrengungen trotz ihrer zum Teil unbefriedigenden Ergebnisse keineswegs hinter denen der Amerikaner und Japaner zurückgeblieben seien (vgl. Übersicht 3). Auch die Qualität der Forschung unterscheide sich nicht signifikant. Unterschiede gebe es bezüglich der Konzentration der nationalen Forschung auf gemeinsam definierte Ziele sowie bei der Umsetzung von Forschungsergebnissen im Innovationsprozeß. [15]

Es ist demnach zu prüfen, ob die EG-Kommission - oder generell der Staat - mehr tun muß, um die Umsetzung von Forschungsergebnissen zu verbessern. Unstrittig ist sicher, daß die Ergebnisse staatlich geförderter Projekte frei zugänglich sein müssen. Und sicher kann mehr getan werden, um Transparenz auch bezüglich Patentschriften, Ergebnissen der Universitätsforschung, Dissertationen und laufender Forschungsvorhaben herzustellen. Hierfür eignen sich Datenbanken

---

15) Vgl. bessere Nutzung von FuE-Ergebnissen, Newsletter, New technologies and innovation policy Nr. 50/1986.

Übersicht 3

Projekte	Beträge (Mio. ECU)
1. Ressourcenbewirtschaftung	
- Agrar-Fischereiressourcen	90 - 180
- Rohstoffe	60 - 90
2. Energiewirtschaft	
- Kernfusion	1060 - 1200
- Kernspaltung	
- Fossile, neue und erneuerbare	250 - 350
- Energiequellen und rationale Energienutzung	
3. Wettbewerbsfähigkeit von Industrie und Diensten	
- Informationstechnologie	2200
- Telekommunikationstechnologie	1000
- Integration der Informations- und Telekommunikationstechnologien in neue Anwendungen und Dienste	700 - 900
- Zusammenarbeit in der Grundlagenforschung Informatik	40 - 50
- Technologie für die Fertigungsindustrie und Sondertechnologien	600 - 900
- Biotechnologie und agrarwirtschaftliche Technologien	350 - 460
- Werkstoffe und -technologie	200 - 300
- Meereswissenschaft 1)	p.m.
- Verkehrswissenschaft 2)	50 - 80
- Wissenschaftliche Normung	300 - 350
4. Lebensqualität	
- Gesundheit	140 - 160
- Sicherheit	230 - 280
- Umweltschutz	285 - 320
5. Wissenschaft und Technologie im Dienste der Entwicklung	100 - 200
	100 - 200
6. Wissenschaftliches und technisches Potential - Europa der Forscher	400 - 500
7. Allgemeine Unterstützung der wissenschaftlichen und technischen Entwicklung	
- Innovation	80 - 150
- Kommunikations- und Informationsnetze und Datenbasen	20
- Sprachprobleme	80 - 100
- Vorschau, Bewertung und statistische Werkzeuge	30 - 35
- Internationale Zusammenarbeit	50 - 60
Nicht aus eigenen Mitteln finanzierte Programme	100

1) Der zu beschließende Betrag wird der Rücklage entnommen.
2) Dies umfaßt nicht die mögliche Tätigkeit auf dem Gebiet der Luftfahrt, die aus der Rücklage finanziert werden würde.

Quelle: Vereinigte Wirtschaftsdienste (VWD) v. 7.3.1986, S. 6.

wie etwa die deutschen Fachinformationszentren. Sie arbeiten vielfach im Verbund mit den Selbstverwaltungsorganisationen der Wirtschaft, und sie haben ein eigenes Interesse daran, kompetent zu sein.

Auch die Industrieverbände sehen es als eine ihrer Hauptaufgaben an, den Technologietransfer in ihrer Branche zu verbessern. Nicht zuletzt sind die Unternehmen vital daran interessiert, für sie relevante Forschungsergebnisse aufzuspüren. Nimmt man hinzu, daß es ein hoch spezialisiertes privatwirtschaftliches Angebot in Informationsveranstaltungen gibt, dann zeigt sich, daß die Interessenkonstellation im Technologietransfer nahezu optimal ist.

Welche Aufgaben kann die EG-Kommission hier dennoch erfüllen? Ihrem generellen Auftrag folgend, könnte sie zunächst dafür sorgen, daß die skizzierte Konstellation eine EG-weite Dimension erhält.

- Hierzu kann sie erstens eine Evidenzzentrale zum ständigen Vergleich der in den einzelnen EG-Ländern geplanten Forschungsvorhaben einrichten, um überflüssige Doppelarbeit zu vermeiden, die ihren Grund allein in Informationsmängeln hat. Dabei muß allerdings berücksichtigt werden, daß Doppelarbeit auf dem FuE-Gebiet keineswegs in jedem Fall überflüssig ist. Sie kann auch aus Gründen des Kompetenzerwerbs oder im Hinblick auf erwartete Synergieeffekte geboten sein.
- Zweitens kann die EG-Kommission - und mehr noch jeder einzelne Mitgliedstaat - behilflich dabei sein, den Aufwand für Informationen über Forschungsfragen zu minimieren, indem sie das dort ohnehin vorhandene FuE-Wissen in leicht zugänglicher Weise offerieren. Die besondere Aufgabe der EG-Kommission könnte in der Zusammenfassung und der geeigneten Aufbereitung der nationalen Übersichten liegen.
- Drittens kann die Mitwirkung des Staates beim Technologietransfer - ähnlich wie bei der Forschungsförderung und auch im Zusammenhang mit dieser - mittelstandspolitisch motiviert sein. Ohne Zweifel müssen kleine und mittlere Unternehmen einen erheblich größeren Anteil ihrer Aufwendungen auf die Beschaffung von Informationen richten, wenn sie den Überblick über die immer weiter streuende Verteilung von Forschungsergebnissen behalten wollen. Das kann zu prohibitivem Aufwand und deshalb zu immer stärkerer Spezialisierung führen. In dieser Entwicklung ist eine Konzentrationstendenz angelegt, die durch staatlich geförderten Technologietransfer abgeschwächt werden kann.

Aber auch in den genannten Punkten ist die Notwendigkeit staatlichen Handelns nicht unumstritten. Hinsichtlich der mittelstandspolitischen Zielsetzung hat zudem die nationale ordnungspolitische Grundentscheidung vorerst noch Vorrang in der EG, die in diesem Punkt noch keine eindeutige Position bezogen hat. Im übrigen sind die Industrieverbände nicht daran gehindert, die auf diesem Gebiet benachteiligten kleinen und mittleren Unternehmen besonders intensiv zu betreuen. Die Praxis zeigt, daß kleine und mittlere Unternehmen im Verbund mit großen mehr Informationsgewinne aus der Kooperation sowie dem verbandlichen Erfahrungs- und Wissensaustausch ziehen als umgekehrt. Berücksichtigt man diese Zusammenhänge, dann spricht mehr für eine r e s t r i k t i v e als für eine e x p a n s i v e Rolle des Staates - und der EG-Kommission - beim Technologietransfer.

Es ist jedoch zweifelhaft, ob die sogenannte 'europäische Technologielücke' auf Mängel beim Wissens- und Technologietransfer zurückzuführen ist. Andere Hypothesen (innovationsorientierte öffentliche Nachfrage, verteilungspolitischer Konsens) scheinen besser begründet. Von Bedeutung ist auch, daß in Europa - vor allem in der Bundesrepublik - die in ihren Ergebnissen jedermann zugängliche Grundlagenforschung weit ausgeprägter ist als etwa in Japan, wo sie von der unmittelbar wettbewerbsrelevanten Anwendungsforschung weit zurückgedrängt wird. Auch die politisch wirksam werdenden Mentalitätsunterschiede zum Thema Technikakzeptanz (Beispiele: 'Verkabelungsverbot', Untersagung einer gemeinsamen Fertigungsstelle für optische Fasern) spielen eine Rolle im Prozeß des Technologietransfers.

Soweit diese Hypothesen Gewicht haben, drängen sie die Bedeutung der EG-Technologiepolitik im internationalen Wettbewerb zurück. Denn weder ist die Kommission in der Lage, massiv Nachfrage nach Innovationsprodukten und Dienstleistungen zu entfalten, noch kann sie - wie das Scheitern ihrer industriepolitischen Bestrebungen zeigt - EG-weit erfolgreiches 'industrial targeting' praktizieren. Die Aktionsmöglichkeiten der EG-Technologiepolitik liegen deshalb auch weit mehr in der technologischen Grundorientierung der Forschungspolitik im Sinne der Definition und Förderung zukunftswichtiger FuE-Projekte. Darüber hinaus kann sie versuchen, die Kooperation der europäischen Forschungsstellen zu optimieren. Außerdem sollte sie die Voraussetzungen für eine EG-weite innovationsorientierte Nachfrage staatlicher Beschaffungsstellen dadurch verbessern, daß sie sich stärker um die Liberalisierung der öffentlichen Märkte auf der Grundlage der Gegenseitigkeit bemüht.

Die EG-Technologiepolitik hat sich bisher noch nicht konsolidieren können. Während auf der einen Seite ihr subsidiärer Charakter und ihre vergleichsweise geringe Mitteldotierung betont werden, kommen auf der anderen Seite Führungsambitionen zum Vorschein [16] - letzteres vor allem in dem Bestreben der

---

[16] Vgl. Für eine europäische Technologiegemeinschaft, (Mitteilung der Kommission an den Rat) COM (85), 350 endg., S. 19.

Technologiepolitik, 'die europäische Dimension' zu erschließen und sie zum Gegengewicht konkurrierender industriepolitischer Bestrebungen in anderen Teilen der Welt zu machen. Soweit sie das anstrebt, hat sie industriepolitische Substanz.

VI. Ordnungspolitische Aspekte der Technologiepolitik

Die EG-Technologiepolitik ist wie Industrie- und Strukturpolitik letztlich W a c h s t u m s p o l i t i k . Unterschiede bestehen in ihrem jeweiligen protektionistischen Potential. Dieses ist bei der Industriepolitik als sektorale Strukturpolitik größer als bei der Technologiepolitik. Das liegt nicht nur an dem engen Zusammenhang industriepolitischer Maßnahmen mit der außenwirtschaftlichen Wettbewerbsposition. Ein Hauptgrund dafür liegt darin, daß bei der praktizierten Industriepolitik die defensive Anpassung, die Anpassungsverzögerung und die strukturerhaltenden Absichten überwiegen. Demgegenüber dominiert bei der Technologiepolitik der offensive, anpassungsbeschleunigende Strukturwandel.

Hinsichtlich ihres dirigistischen Gehalts sind Technologiepolitik und Industriepolitik weniger ungleich. Dennoch gilt auch hier, daß bei der Technologiepolitik interventionistische Zielsetzungen nicht so deutlich hervortreten wie bei der Industriepolitik. Diese Feststellungen beziehen sich jedoch nur auf die jeweiligen Zielsetzungen. Die Wirkungen der Technologiepolitik können dagegen zu größeren staatlich beeinflußten Strukturänderungen führen als die Maßnahmen der herkömmlichen Industriepolitik. Deshalb ist es notwendig, ordnungspolitische Maßstäbe an die Technologiepolitik anzulegen. Die EG-Kommission läßt in ihren einschlägigen Veröffentlichungen wenig ordnungspolitische Skrupel erkennen. Ihr geht es um die technologische Fitneß der europäischen Unternehmen, um die potentiellen Skalenerträge der 'europäischen Dimension' sowie um die Position der europäischen Unternehmen im Wettbewerb mit den USA und Japan.

Für diese beiden Länder läßt sich cum grano salis dasselbe sagen. Sie sind in ihrer Technologie- und Industriepolitik - vielleicht noch weniger als die EG-Kommission - mit ordnungspolitischen Skrupeln behaftet. Nimmt man kleinere Länder - etwa die Schweiz - aus, dann handelt es sich bei dem politisch zur Wirkung kommenden Respekt vor ordnungspolitischen Grundsätzen offenbar überwiegend um eine bundesdeutsche Spezialität. Wie die Nachkriegszeit über große Strecken gezeigt hat, ist dieser Respekt ein äußerst produktives gesellschaftliches Gut. Deswegen kann es nicht schon deshalb zur Disposition stehen, weil andere mit anderen Strategien seit einigen Jahren technologisch erfolgreicher waren. Andererseits kann aber auch nicht gefordert werden, daß andere EG-Länder sich der deutschen ordnungspolitischen Präferenzstruktur anpassen.

Es ist ein großes Verdienst der deutschen Wirtschaftspolitik, den dirigistischen Ambitionen der ursprünglich konzipierten EG-Industriepolitik mit Erfolg entgegengetreten zu sein. Ob solche prohibitiven Bestrebungen auch gegenüber der EG-Technologiepolitik berechtigt sind, ist eine noch offene Frage. Legt man den Maßstab an das gegenwärtig erreichte Aktionspotential der europäischen Technologiepolitik an, dann ist diese Frage noch zu verneinen. Sie ist entschieden zu bejahen, wenn man die Ambitionen des EG-Dokumentes vom 1.10.1985 'Für eine europäische Technologiegemeinschaft' [17] ernst nimmt, nämlich technologiepolitisch mit den USA und Japan gleichziehen zu wollen.

Die Chancen für eine aus deutscher Sicht erfolgreiche ordnungspolitische Auseinandersetzung mit der EG-Kommission und den übrigen EG-Ländern hängen nicht zuletzt von der ordnungspolitischen Qualität der eigenen nationalen Technologiepolitik ab. Im Mittelpunkt steht dabei die staatliche Forschungsförderung. Die Bundesregierung setzt dafür - ohne den Verteidigungsbereich - fast 4 Mrd. DM p.a. ein. Der größte Teil davon fließt zwar nach wie vor in die direkte Forschungsförderung (Projektförderung), der Anteil der indirekten Förderung nimmt jedoch rasch zu. Das entspricht den Absichten der Bundesregierung, die indirekte Forschungsförderung auszubauen und die direkte Projektförderung zurückzunehmen. Diesen Absichten liegt die Vorstellung zugrunde, die indirekte Forschungsförderung (einschließlich der sogenannten indirekt-spezifischen) sei ordnungspolitisch weniger bedenklich als die direkte Projektförderung. Die vergleichsweise geringe ordnungspolitische Bedenklichkeit wird dabei auch der personalbezogenen indirekten FuE-Förderung zugestanden, obwohl gerade sie in der EG zu Konflikten mit Art. 92 EG-Vertrag führt.

Die weitgehende Übereinstimmung in der negativen ordnungspolitischen Einschätzung der direkten und der positiven Beurteilung der indirekten Forschungsförderung stützt sich vor allem auf die unüberschaubare Zahl staatlich geförderter Forschungsprojekte, zu der es Ende der 70er und Anfang der 80er Jahre gekommen war. Sie ist Ausdruck der Sorge, daß die entstandene Intransparenz nahezu jedem Mißbrauch Vorschub leistet, nicht zuletzt auch der staatlichen Investitionslenkung. Demgegenüber erscheint die indirekte FuE-Förderung

---

[17] "Sowohl auf einzelstaatlicher als auch auf Gemeinschaftsebene und zur Unterstützung der Aktionen wissenschaftlicher Kooperation zwischen Regierungen oder der Industrie erfordern die notwendigen Anstrengungen Mittel in der gleichen Größenordnung, wie sie von den wichtigsten Industriemächten eingesetzt werden, die an der intensiven gegenwärtigen Bewegung des Wettbewerbs durch Innovation beteiligt sind. Die Vereinigten Staaten haben klar zu erkennen gegeben, daß sie ihre Ziele sehr hoch ansetzen." Mitteilung der Kommission an den Rat, COM (85), 350 endg.

weniger bedenklich. Auf sie besteht bei erfüllten Voraussetzungen ein Rechtsanspruch. Sie ist zudem unternehmensgrößenabhängig und dem Förderbetrag nach limitiert. Damit wirkt sie der Konzentrationstendenz entgegen, die dem Zwang zur Forschung inhärent ist. Zugleich fördert sie die technologische Fitneß und trägt dazu bei, die Innovationspotentiale kleiner und mittlerer Unternehmen zu erschließen.

Trotz dieses kontrastierenden Vergleichs ist die indirekte Forschungsförderung keineswegs über alle ordnungspolitische Zweifel erhaben. Akzeptiert man die für sie vorgebrachten Argumente, dann heißt das zu unterstellen, daß die geförderten Unternehmen nicht bereit wären, den Forschungs- und Entwicklungsaufwand zu betreiben, zu dem sie durch staatliche Subventionen veranlaßt werden. Das ist eine bedenkliche Vorstellung, vor allem dann, wenn erfolgreiches Wirtschaften immer mehr von technologischer Fitneß abhängt. Der Erwerb von FuE-Wissen gehört genauso zur Beschaffung von Vorleistungen wie alles andere, was zur Produktion benötigt wird; in vielen Fällen ist er sogar die Voraussetzung von allem anderen. Die FuE-Förderung geht aber unausgesprochen davon aus, daß FuE-Ausgaben in der Abfolge der Aufwandsposten nicht nur am Schluß stehen, sondern in den extramarginalen Bereich fallen. Es werden bei den Forschungsausgaben gewissermaßen externe Effekte unterstellt, die durch die privaten Erträge nicht gedeckt werden und die deshalb auch nicht internalisierbar sind. Nichts spricht für diese Hypothese.

Als Rechtfertigung der Forschungsförderung könnten auch die Begünstigungen dienen, die den Wettbewerbern aus anderen Industriezentren der Welt zufließen. Auf die Beispiele USA und Japan wurde bereits hingewiesen. Sie zeigen, daß die dort tatsächlich bestehenden Vorteile nicht auf dem Gebiet der Forschungsförderung liegen. Deshalb ist es fragwürdig, ob durch FuE-Förderung eine Art Vorteilsausgleich geboten werden kann. In Einzelfällen mag das so sein - insgesamt gilt jedoch, daß die Forschungsförderung eine eigenständige Ursache für eine der privaten Forschung abträgliche Makroverteilung ist, weil sie das durch Steuern zu finanzierende Subventionsvolumen vergrößert und den Tarifparteien einen Vorwand liefert, auf diesen Teil der Zukunftsvorsorge keine Rücksicht nehmen zu müssen. Damit ist die Politik der Forschungsförderung - so wie sie zur Zeit praktiziert wird - nicht nur unter ordnungspolitischen Gesichtspunkten fragwürdig, sondern auch unter allokationstheoretischen.

Eine rationale, ordnungspolitisch unbedenkliche Forschungspolitik müßte auf die indirekte FuE-Förderung genauso verzichten wie auf die direkte. Statt dessen müßte sie sich auf die Optimierung der Forschungstätigkeit in den staatlichen Forschungsinstituten und an den Universitäten konzentrieren. Daneben sollte sie sich um eine vorausgreifende Ausweitung des Angebots an wissenschaftlichem Nachwuchs bemühen.

Statt Forschungsförderung ist die Klärung gesellschaftlich bedeutsamer Zukunftsfragen vorrangig. Es geht darum, ein Verfahren zu entwickeln, das zur Definition und Prioritätenbestimmung relevanter Zukunftsfragen führt, auf die der Markt wegen seiner eng begrenzten zeitlichen Dimension keine Auskunft gibt. Das Ziel ist, Fragen zu formulieren, deren Beantwortung ein Maximum an positiven externen Effekten für die Gesellschaft verspricht. Dabei ist es eine eher nebensächliche Frage, bei wem der Staat seinen so definierten Beratungsbedarf deckt. Es mag nützlich sein, dafür eigene Forschungskapazität in staatlichen Forschungsinstituten vorzuhalten, aber das braucht durchaus nicht in extensiver Weise zu geschehen. Es kann zweckmäßiger sein, diesen Bedarf durch private Institute bzw. Unternehmen decken zu lassen. Entscheidend ist - bei gegebenem Mitteleinsatz - die Kompetenz.

Akzeptiert man dies, dann bleiben zwei Fragen offen: Kann - und soll - die Gesellschaft ihre Zukunftsfragen gegebenenfalls auch von ausländischen Instituten klären lassen? Wer der Auffassung anhängt, daß nicht nur Unternehmen, sondern zunehmend auch ganze Volkswirtschaften im internationalen Wettbewerb stehen, wird dies ablehnen. Diese Einstellung scheint dann gerechtfertigt, wenn im Zuge der Klärung von Zukunftsfragen zugleich wettbewerbsrelevantes Zukunftswissen entsteht. Davon kann regelmäßig ausgegangen werden, und davon hängt auch die zweite Frage ab: Haben nicht jene privaten Unternehmen einen wettbewerbsrelevanten Wissensvorteil, die im Inland mit der Klärung von Zukunftsfragen beauftragt werden? Weil auch diese Frage im allgemeinen zu bejahen ist, sollte es bei der bewährten Eigenbeteiligung der für den Staat forschenden privaten Unternehmen bleiben. Ob allerdings die 50-prozentige Quote für alle Fälle paßt, ist nicht sehr wahrscheinlich. Hier gibt es - wie bisher schon - einen Verhandlungsspielraum von Fall zu Fall.

Eine so organisierte Forschung wäre wegen der zeitlichen Dimension der Fragestellungen nahezu vollständig grundlagenorientierte Forschung. Wegen der freien Zugänglichkeit zu ihren Ergebnissen verliert sie einiges von dem, was als industriepolitischer Vorteilsausgleich im dargelegten Sinne gelten könnte. Dennoch bringt sie den heimischen Anwendern nicht nur die beschriebenen Know how-Effekte im Zuge der Projektbearbeitung, sie bietet ihnen auch wettbewerbsrelevante Fühlungsvorteile. Daneben käme es zu einer beträchtlichen Ausweitung des Humankapitals und damit zu einer im Wettbewerb entscheidenden Ausweitung der wichtigsten Ressource.

Es würde zu weit führen, im einzelnen darzustellen, wie die EG-Technologiepolitik organisiert sein müßte, um mit dem skizzierten forschungspolitischen Konzept kohärent zu sein. Dazu nur einige Hinweise: Die EG müßte - statt sich selbst in Einzelprogrammen zu engagieren - die nationale Forschungs- und Technologiepolitik wirksam koordinieren. Um ordnungspolitisch konsensfähig zu bleiben, müßte sie sich im grundlagennahen Forschungsbereich bewegen und anwendungsnahe Entwicklung nur dort betreiben, wo es um die Optimierung der integrationsfördernden Infrastruktur geht, und zwar von der Errichtung eines EG-gemeinsamen Kommunikationsnetzes bis zu schnellen Verkehrssystemen und der Raumfahrt. Vor allem könnte die EG-Kommission - ihrem eigentlichen Auftrag folgend - die europäischen Forschungsinstitute zu einer wirklichen Forschungs- und Technologiegemeinschaft zusammenführen.

VORSITZENDER

Haben Sie herzlichen Dank, Herr Prof. SCHEID, für Ihr bemerkenswertes Referat, das uns nicht nur manche Informationen geliefert, sondern auch die Nahtstelle zwischen nationaler und EG-Technologiepolitik vermittelt hat. Nach einer kurzen Pause folgt die Diskussion, die Herr Prof. HELMSTÄDTER leiten wird.

Diskussion
(Leitung: Ernst Helmstädter)

ERNST HELMSTÄDTER

Mit fällt die Aufgabe zu, die heutige Diskussion zu leiten. Wenngleich es wenig Zweck hat, den Versuch zu unternehmen, die Diskussion strukturieren zu wollen, sollten wir doch in der ersten Runde Fragen, die der Klarstellung dienen, an die Referenten stellen - falls es solche Fragen gibt. Anschließend sollten wir uns den Sachfragen über drei Bereiche zuwenden. Als erster hat sich Herr HAIN zu Wort gemeldet.

FERDINAND HAIN

Ich habe eine Frage an Herrn CASPARI, und zwar im Zusammenhang mit der gemeinsamen Außenhandelspolitik. Er konnte dieses Gebiet nur streifen und hat die Koordinierung - oder die Bemühungen um Koordinierung - zwischen den Mitgliedstaaten der Gemeinschaft in diesem Bereich erwähnt.

Mich interessiert in diesem Zusammenhang die gemeinsame Außenhandelspolitik gegenüber dem Rat für Gegenseitige Wirtschaftshilfe (RGW). Soviel ich weiß, schließen die einzelnen Mitgliedstaaten auf der einen Seite mit den Mitgliedstaaten auf der anderen Seite Handelsabkommen ab, ohne daß es gemeinsame Richtlinien für die Mitgliedstaaten der Gemeinschaft gäbe. Die Bemühungen zwischen den Zentralorganen, nämlich zwischen der EG-Kommission und dem Ratssekretariat, zu einem Abkommen zu gelangen, haben bisher zu keiner Einigung geführt. Eines der Haupthindernisse war, soweit ich unterrichtet bin, daß dem Sekretariat des RGW keine völkerrechtliche Kompetenz zukommt, die aber die EG-Kommission als Vertreterin der Gemeinschaft sehr wohl besitzt. Ich hätte also gerne gewußt, wie die Bemühungen auf diesem Gebiet stehen.

MANFRED CASPARI

Ich bin nicht mehr im Bereich der Außenhandelspolitik tätig. Deshalb kann ich vielleicht nicht ganz präzise antworten. Aber ich kann sagen, daß das RGW im Rahmen der Organisation der sozialistischen Staaten nicht für den Handel zuständig ist. Die Handelszuständigkeit liegt nach wie vor bei den Mitgliedstaaten des RGW. Auf der anderen Seite ist in der Gemeinschaft nach dem EWG-Vertrag die handelspolitische Zuständigkeit auf die Gemeinschaftsorgane - d.h. auf das Zusammenspiel zwischen Kommission und Ministerrat - übergegangen. Wenn die Kommission jetzt mit dem RGW über handelspolitische Fragen verhandeln würde, bedeutete dies, daß uns das RGW-Sekretariat - d.h. die Sowjetunion -

benützen würde, um die handelspolitische Zuständigkeit Ungarns, Rumäniens etc. auf das RGW-Sekretariat zu übertragen. Diese Gefahr haben wir gesehen. Deswegen waren wir stets bereit, mit dem RGW-Sekretariat über Umweltschutzfragen, bestimmte Arten der technischen Zusammenarbeit, Austausch von Statistiken etc. zu verhandeln, nicht aber über Handelspolitik. Leider kann ich Ihnen keine genauen Auskünfte über den gegenwärtigen Stand der Diskussion geben. Das Verhandlungsangebot der Gemeinschaft liegt schon seit Jahren auf dem Tisch. Es ist jetzt vom RGW wieder aufgenommen worden. Die ersten Kontakte wurden schon geknüpft. Diese Gespräche können aber keine Handelsverhandlungen EWG/RGW sein.

GANGOLF WEILER

Ich habe eine Bemerkung und eine Frage zu den Ausführungen von Herrn CASPARI. Er hat sehr ausführlich über die Hindernisse gesprochen, die einem Gemeinsamen Markt in Europa entgegenstehen und dabei auch auf das negative Erscheinungsbild der EG verwiesen, das z.b. durch die Subventionierung der Stahlindustrie oder der Landwirtschaft hervorgerufen wird. Die deutsche Stahlindustrie selbst hat jahrelang, aber ohne Erfolg, sehr massiv die Subventionspraxis in der EG kritisiert. Dies auch auf der Grundlage einer zahlenmäßigen Relevanz, die ich kurz umreißen darf: Der durchschnittliche Stahlpreis in Europa beträgt knapp 1 000 DM je Tonne. Die staatlichen Beihilfen in den europäischen Ländern außerhalb der Bundesrepublik liegen in einer Größenordnung von 200 DM je Tonne, also bei rund 20 v.H. des Markterlöses. Die Beihilfen in Deutschland, wie sie zuletzt gewährt wurden, betragen außerhalb des Sonderfalles Arbed Saarstahl 30 DM je Tonne, also lediglich 3 v.H. des Markterlöses, und davon ist der größte Teil noch rückzahlbar. Die EG-Kommission hat viel zu spät und inkonsequent auf diese Entwicklung reagiert, obwohl mit dem Subventionsverbot des Artikels 4 c) des EGKS-Vertrages eine deutliche rechtliche Vorgabe bestand.

Meine Frage betrifft die Thematik der Umweltschutzgesetzgebung in Europa. Herr CASPARI hat ausführlich über das Auto-Thema gesprochen. Mir geht es mehr um die Frage, wie die EG-Kommission angesichts des extrem starken Auseinanderdriftens der europäischen Umweltschutzgesetzgebung - aber nicht nur der Gesetzgebung, sondern auch der Anwendung der vorhandenen Gesetze durch die Behörden - verhindern will, daß auf diesem Wege für bestimmte Industrien große und ins Gewicht fallende zusätzliche Wettbewerbsverzerrungen innerhalb des Gemeinsamen Marktes entstehen. Hierzu würde mich speziell interessieren, wie die EG-Kommission sicherstellen will, daß vorhandene europäische Direktiven schneller umgesetzt werden in nationales Gesetzeswerk, das dann mit gleicher Schärfe auch in allen Ländern der EG praktiziert wird.

MANFRED CASPARI

Ich fange mit dem Umweltschutz an. Allerdings kann ich Ihnen nicht viel dazu sagen, ich bin dafür nicht zuständig, weiß aber, daß aufgrund der von der deutschen Stahlindustrie vorgetragenen Sorgen Untersuchungen im Gange sind. Was die allgemeine Problematik anlangt, so möchte ich nur wiederholen: Wenn für Produktionsstandorte in bestimmten Ballungsgebieten strengere Umweltauflagen vorgenommen werden als für vergleichbare Produktionen in Gebieten, die nicht dieselbe Ballungsintensität aufweisen, in denen also Umweltbelastungen weniger fühlbar sind, so ist das allein noch keine künstliche Wettbewerbsverzerrung. Wenn eine Industrie in einem Ballungsgebiet liegt, ist das mit Vor- und Nachteilen verbunden. Sie kann beispielsweise den Vorteil haben, daß sie nahe am Verbraucher ist, daß sie Fühlungsvorteile hat. Zu den Nachteilen kann zählen, daß sie höhere Lohnkosten zahlen muß, daß sie möglicherweise strengere Bauauflagen zu erfüllen hat, wie auch strengere Auflagen hinsichtlich des Umweltschutzes. Eine Industrie, die fernab von dicht besiedelten Gebieten liegt, hat sicherlich auch Nachteile, so vor allem die Marktferne. Andererseits mag sie Kostenvorteile haben, auch was den Umweltschutz anlangt. Nun, das ist nur eine allgemeine Auskunft, die darauf hinweisen soll, daß Wettbewerbsgleichheit nicht überall gleiche Vorschriften voraussetzt.

Zur ersten Frage, den Stahlbeihilfen, könnte ich Ihnen aus dem Stand einen langen Vortrag halten wie seinerzeit in Düsseldorf. Ich wollte hier nicht so weit ins Detail gehen. Eines steht fest: Der Kommission und den Mitgliedstaaten ist zu einem bestimmten Zeitpunkt die Kontrolle über die Stahlbeihilfen aus der Hand geglitten. Etwa seit Beginn der deutschen Kohlekrise wurde das Beihilfeverbot des EGKS-Vertrags nicht mehr strikt angewendet, zunächst bei der Kohle, später auch beim Stahl. Man hat entsprechende Theorien über das Zusammenspiel von Artikel 4 c) und Artikel 67 EGKS-Vertrag entwickelt. Theorien über die Unterschiede zwischen speziellen und allgemeinen Beihilfen, die nach meiner Meinung falsch sind. Zur Nicht-Anwendung des Artikels 4 c) kamen noch falsche, überoptimistische Aussagen des Kartells der Stahl-Prognostiker. Alle Stahl-Prognostiker der Welt sagten seinerzeit einen kräftigen Verbrauchszuwachs voraus und heizten damit das Anwachsen der Stahlkapazitäten an. Zu diesen Prognostikern gehörte das amerikanische Stahlinstitut, die OECD, aber auch die Kommission. Man sieht also auch hier: Immer wenn man Teil eines Kartells oder eines abgestimmten Verhaltens ist, stiftet man Unfug an. So kam es dann zu dem Zusammenfall zwischen wachsenden Überkapazitäten und einer unzureichenden Beihilfenkontrolle. Wenn man dann die Beihilfen ansieht, die gewährt wurden, dann zeigt sich, daß die Trennlinie nicht etwa - wie oft gesagt wird - zwischen den 'germanischen' (kleine Beihilfen) und den 'lateinischen' Ländern (hohe Beihilfen) lag. Die Trennlinie ging vielmehr - wenn man etwas vereinfacht -

zwischen staatseigenen und nicht-staatseigenen Unternehmen. In Italien beispielsweise bekamen die privaten Unternehmen, die ungefähr 30 v.H. der Kapazität ausmachen, nur geringe Hilfen. Sie mußten also notfalls sterben. Die staatseigenen Unternehmen erhielten dagegen hohe Beihilfen. Für die englische Privatindustrie gab es ebenfalls keine hohen Beihilfen - im Gegensatz zur verstaatlichten BSC. Die gleichen Beispiele zeigen sich auch in anderen Ländern - wobei nach diesem Schema allerdings Arbed Saarstahl wie ein verstaatlichtes Unternehmen behandelt wurde. Für diese unterschiedliche Behandlung gibt es viele Gründe. Einer dieser Gründe war auch, daß die staatlichen Unternehmen, insbesondere aus sozialpolitischen Gründen, nicht den unternehmerischen Spielraum hatten wie die privaten Unternehmen. Diese konnten rechtzeitig umstrukturieren, und sie mußten auch ihren Aktionären Rechenschaft ablegen. Vor diesem Hintergrund kam es zu dem Stahlbeihilfenkodex, der insgesamt sein Ziel der Kapazitätsreduzierung und Umstrukturierung der Industrie erreicht hat. Nach diesem Kodex waren Beihilfen mit Stillegungen verbunden. Diejenigen, die mehr Beihilfen bekamen, mußten auch mehr Kapazitäten stillegen. Die eigentliche Bewährungsprobe liegt aber, so glaube ich, noch vor uns. Die Kommission hat ja entschieden, daß sie jetzt für Stahl - und das heißt auch für Kohle - eine strenge Anwendung von Artikel 4 c) vorsieht. Alle Ausnahmen von diesem Artikel müssen durch einstimmige Ratsentscheidung gebilligt sein, wie das gegenwärtige Beihilfenregime. Wir sehen nun mit Interesse dem entgegen, was jetzt in Frankreich geschieht.

HUBERTUS DESSLOCH

Erlauben Sie mir, sechs allgemeinere Fragen zu stellen.

(1) Herr CASPARI sagte gegen Ende seiner Ausführungen, daß zwei Maximen die Politik der Kommission beim Ausbau der EG zu einem Binnenmarkt bestimmen werden: die Globalität und die Solidarität. - Nun, Solidarität heißt nach den europäischen Gegebenheiten: Transferzahlungen der Deutschen. Doch wer die Kuh melken will, muß ihr Futter geben. Ich hoffe, auf dem Binnenmarkt wächst zusätzliches Futter. Sehen Sie es als ordnungspolitisch sinnvoll an, die Bemühungen der Bundesregierung um Senkung des nationalen Staatsanteils durch Erhöhung des europäischen zu kompensieren?

(2) Mir fehlte ein Hinweis auf die großen Unterschiede, die in der volkswirtschaftlichen Wertschöpfung pro Kopf der Bevölkerung in der EG bestehen. Natürlich sind diese Unterschiede differenziert zu beurteilen. Da gibt es Unterschiede des Klimas, der Mentalität der Menschen, der wirtschaftlichen Strukturen und der kulturgeschichtlichen Entwicklung. Sie können den heute Lebenden nicht angelastet werden. Aber wie ist es denn z.B. um die Steuerehrlichkeit

jenseits deutscher Grenzen bestellt? Und welche Kanäle öffnen sich, wenn Subventionen fließen? Kann man unter diesen Umständen einen horizontalen Finanzausgleich großen Stils überhaupt ins Werk setzen? Sollte man unter solchen Gegebenheiten die Erschließung des großen Marktes nicht der Privatwirtschaft überlassen, bei möglichst wenig Staatsintervention, wie es im Vertrag von Rom vorgesehen ist?

(3) 'Was Europa trennt', sind häufig Brüssseler Entscheidungen, die die Bürger unnötig vor den Kopf stoßen. Als Beispiel nenne ich die Klage der Kommission gegen die Bundesrepublik vor dem EuGH wegen des Reinheitsgebots für Bier. Das Reinheitsgebot war ein ganz marginales Problem des Gemeinsamen Marktes. 30 Jahre lang hat es darum keinen Spektakel gegeben. Jetzt, plötzlich, auf dem Höhepunkt der Sensibilisierung der Öffentlichkeit für Nahrungsmittelhygiene bläst Brüssel die große Tuba. Ergebnis: In einer sehr pro-europäisch eingestellten Region Deutschlands schlägt die Stimmung um. Heute überwiegt in Bayern die Skepsis gegenüber dem Brüsseler Europa. War das unvermeidbar?

(4) 'Was Europa trennt', ist nicht zuletzt auch die Schwäche, unter der fast alle Regierungen der Mitgliedstaaten leiden. Es fehlt die Kraft, unpopuläre Entscheidungen zu fällen und um des guten Zwecks willen durchzusetzen und durchzuhalten. In allen Mitgliedstaaten ist dem Wohlstand der Hedonismus gefolgt. Politik wird nur noch nach dem Motto ertragen, 'wasch mir den Pelz, aber mach mich nicht naß dabei'. So kann man Europa natürlich nicht voran bringen. Zur Bildung stabiler Mehrheiten in der Demokratie ist Polarisierung ein unverzichtbares Hilfsmittel. Nur wo die Kunst der Zuspitzung eines Problems beherrscht und von den Wählern psychisch ertragen wird, gibt es klare Fronten und demzufolge klare, wählbare Alternativen. Doch oft fehlt es schon daran - ein Mangel, der auch Rückschlüsse auf gebrochene Identitäten zuläßt. Man achte daher vorhandene nationale oder regionale Identitäten einer Bevölkerung vom europäischen Standpunkt aus nicht gering. Ist mit ihnen nicht ein stabileres Europa zu bauen als mit der Flugsandgesinnung, die sich Wähler und Gewählte heute gegenseitig vielfach zumuten?

(5) 'Was Europa trennt', sind auch die Medien - und das in zweifacher Hinsicht. Erstens präsentiert sich das Brüsseler Europa nicht mediengerecht. Frage: Wie kann man das ändern? Zweitens: Einen europäischen Medienverbund gibt es nur potentiell, aber nicht aktuell. Frage: Wie kann man ihn organisieren?

(6) Thema Technologiepolitik: Prof. SCHEID hat sich für das Subsidiaritätsprinzip eingesetzt. Wie reagiert die Kommission auf seine Vorstellungen? Wendet er sich nur an das BMFT oder auch an die KMK oder die Länder direkt?

KARLHEINZ REIF

Vermeidet die Schwäche fast aller nationalen Regierungen die Bildung klarer Fronten? Ist damit 'Polarisierung' gemeint und versteht man darunter den Prozeß einer zunehmenden Schrumpfung des Verfassungskonsens und einer damit einhergehenden Auseinanderentwicklung der als legitim anerkannten Herrschaftsmodelle (wobei durchaus auch mehr als zwei 'Pole' existieren bzw. sich herausbilden können), dann geht eine 'Stärke' der Regierungen mit - mehr oder weniger subtiler oder manifester - Unterdrückung der Opposition(en) einher: 'Polarisierung', wie auch immer verursacht, überwindet die Schwäche der nationalen Regierungen (sollte sie denn tatsächlich real gegeben sein) nicht.

Der Zustand der 'Bipolarität' ist eine Frage der Wettbewerbsstruktur des Parteiensystems. Bipolarität, Kampf um die Mitte zwischen zwei Lagern oder Koalitionen, wird häufig mit 'starker' Regierung (und mit einer 'starken' Opposition) in Verbindung gebracht; Großbritannien vor 1974/81, Frankreich seit 1972/74 und die Bundesrepublik seit 1953/57 werden als Beispiele angeführt. Aber weder läßt sich Polarisierung durch einseitige Willensakte beseitigen, noch läßt sich Bipolarität auf diese Weise von heute auf morgen herstellen.

Ob Europas Trennung durch starke nationale Regierungen überwunden werden kann, ist in der Politikwissenschaft umstritten. Ich persönlich würde eher sagen, Europa kommt voran, wenn die nationalen Regierungen elektoral und überzeugungsstark genug sind, ihre objektive Schwäche zur politischen Steuerung einzusehen und einzugestehen. Europa ist nicht instabil, vielmehr ist der Schwebezustand zwischen partieller Kooperation und fehlender politischer Integration ärgerlich stabil. Zwar ist in der Tat ein stabiles und handlungsfähiges Westeuropa ohne 'Berücksichtigung nationaler Identitäten' kaum denkbar; mir scheint aber seit 1966 an solcher Berücksichtigung der Identitäten - auch der bayerischen - kein Mangel zu herrschen.

Insbesondere scheint mir aber die Hochstilisierung von partikularen Interessen kleiner gesellschaftlicher Gruppen zu Elementen der dänischen, britischen, französischen, bayerischen oder griechischen Identität, sobald diese Interessen sich bei 'ihrer' Regierung durchgesetzt haben - auch wenn dem die pluralistische Legitimität nur schwer abgesprochen werden kann -, Europa nicht zu stärken.

MANFRED CASPARI

Ich habe gleich zu Anfang auf das Problem der Unterschiedlichkeit der Vorstellungen und der Heterogenität der Wirtschaftsstrukturen der Mitgliedsländer der Gemeinschaft hingewiesen. Diese Unterschiede machen es unmöglich, mit Einheitsregeln für die Gemeinschaft zu arbeiten, wie z.B. für einen Zentralstaat.

Des weiteren hat Herr DESSLOCH gesagt, die Senkung der Staatsausgaben müsse als ordnungspolitisches Prinzip anerkannt werden. Deshalb dürfe die Gemeinschaft nicht immer mehr Geld fordern. Zur Zeit wird die von ihm gewünschte Politik von Herrn ANDRIESSEN verfolgt, der früher holländischer Finanzminister, dann in Brüssel Wettbewerbskommissar war und jetzt für die Agrarpolitik zuständig ist. Er verfügt über den höchsten Anteil der staatlichen Mittel, die über die EG laufen. Die Agrarvorschläge der Kommission sind im wesentlichen davon bestimmt, das ständige Ausgabenwachstum zu bremsen.

Wenn ich von Transferzahlungen spreche, dann meine ich nicht, daß immer mehr Geld an Gemeinschaftsfonds gegeben werden soll. Ich hatte etwas anderes im Sinn. Es ist selbstverständlich, daß in einer Gemeinschaft der Stärkere etwas für den Schwachen tut, auch finanziell. Nun gibt es zwei Möglichkeiten für den Stärkeren, dies zu tun. Entweder er bejaht von vornherein dieses Prinzip und behält wegen dieses positiven approaches ein sehr aktives Mitspracherecht, oder er läßt sich diese finanziellen Mittel abpressen, d.h. er muß am Ende doch zahlen, nimmt aber nicht aktiv an den politischen Entscheidungen teil. Immer nur Nein sagen bedeutet, daß man sich aus dem politischen Entscheidungsprozeß herauskatapultiert.

Oder nehmen wir das andere Beispiel, das gerade hier in Bayern besonders wichtig ist, nämlich das Reinheitsgebot. War hier eine absolute Verweigerungshaltung nützlich? Vergessen wir auch nicht: Wir müssen im Zuge der Entwicklung der Gemeinschaftspolitik - hierbei geht es vor allem um die Anwendung klarer Vertragsartikel - mehr und mehr in nationale Tabu-Bereiche vordringen. Normalerweise basieren in diesen Bereichen die Widerstände mehr auf Emotionen als auf realen Schwierigkeiten. Und wir dringen nun in diese Bereiche ein, ohne daß für die Politiker oder für die Bevölkerung ein Gesamtkonzept sichtbar ist, das etwa vergleichbar ist mit dem ersten Konzept zur Schaffung der Zollunion am Beginn des Gemeinsamen Marktes. Deswegen eben die Notwendigkeit, ein Gesamtkonzept vorzulegen, wie ich es in meinem Vortrag darzulegen versuchte. Wir treten jetzt in eine Periode der Entwicklung des Gemeinsamen Marktes ein, in der es immer mehr konkret nachteilig Betroffene gibt, obwohl die Aktionen dem Gesamtvorteil dienen. Der Gesamtvorteil ist jedoch schwerer 'organisierbar'. Die Interessen der tatsächlich oder vermeintlich Benachteiligten sind dagegen leichter 'organisierbar'. Das ist ein Problem unserer Demokratie.

Wir müssen uns auch klar sein, daß nun in dem Zwischenzustand der Integration, in dem wir uns gerade befinden - wir haben zwar eine Gemeinschaft, aber wir haben sie doch nicht so ganz - die große Gefahr der Rückentwicklung besteht. Es gibt keinen Automatismus der Vorwärts-Entwicklung, die nach meiner Meinung notwendig ist, auch unter den Gesichtspunkten, die Prof. REIF schon erwähnt hat. Weite Kreise der Wirtschaft sprechen sich ebenfalls für die Notwendigkeit der Weiterentwicklung aus. Sie halten es zu Recht für überholt, daß jedes Mitgliedsland sein eigenes System der Telekommunikation mit eigenen Hoflieferanten und eigenen Standards hat. Wir müssen uns entscheiden, war wir wollen. Wollen wir, daß alles so bleibt mit allen Risiken? Oder wollen wir den Durchbruch zum Gemeinsamen Markt? Wir können aber nicht sagen, wir wollen den Gemeinsamen Markt nur dort, wo er gerade für uns nützlich ist. Damit ist man unglaubwürdig und kann keine Politik mehr machen.

RUDOLF SCHEID

Vielleicht sollte ich noch einmal auf mein zentrales Anliegen hinweisen, um die Frage von Herrn DESSLOCH angemessen beantworten zu können. Ich schlage vor, die Mittel für die Forschungsförderung auf einige besonders wichtige Punkte zu konzentrieren. Es geht vor allem um den Ausbau der Grundlagenforschung in den staatlichen Großforschungsinstituten. Dort fehlen, um z.B. nur die dringlichen Fragen des sogenannten Queisser-Berichts zu beantworten, ca. 2 500 Forscher. Niemand weiß, wo sie herkommen sollen. Es hilft nichts, wenn sie aus der Industrie abgezogen werden. Vielmehr ist ein langfristiges Programm der wissenschaftlichen Nachwuchspflege an den Hochschulen erforderlich. Das berührt die kulturpolitische Kompetenz der Bundesländer. Darauf ist zutreffend hingewiesen worden. Nach meiner Erfahrung sind die Kultusministerien aber nicht so abweisend, wenn man ihnen Unterstützung anbietet. Ein Beispiel hierzu werde ich noch nennen. Und schließlich geht es um die Begrenzung der Technologiepolitik und der Forschungsförderung in der EG auf die integrationsfördernde Infrastruktur und nicht um einen industriepolitischen Nachteilsausgleich gegenüber Japan und den USA. Letztlich ist das schon von der Zielsetzung her problematisch, weil dieser Nachteilsausgleich nur mit den Mitteln erreicht werden könnte, die jenen ähnlich sind, die dort dafür eingesetzt werden, und dies ist nicht die Technologiepolitik. Das sind die Punkte, auf die es mir besonders ankam.

Es wurde ferner gefragt, ob diese Ideen in der Politik voran kommen. Hierzu läßt sich heute noch nichts sagen, weil diese Konzeption zum erstenmal öffentlich vorgetragen wird.

Das angekündigte Beispiel zur Kooperation mit den Kultusministerien betrifft das Thema Nachwuchsförderung. In der Elektroindustrie haben wir vor sechs oder sieben Jahren festgestellt, daß das Studieninteresse an den elektrotechnischen Fakultäten stark zurückgeht.

Statt uns übermäßig lange damit aufzuhalten, eine Korrektur der Oberstufenreform durchzusetzen, haben wir mit einer intensiven Werbung für den Ingenieurnachwuchs begonnen. Ein Bestandteil dieser Aktion war es, an den Hochschulen mathematische Nachschulungskurse für die Dauer von etwa vier Wochen einzurichten. In ihnen wird auf intensive Weise dafür gesorgt, daß die Studienanfänger ein mathematisches Grundwissen erhalten, das ihnen ein erfolgreiches Studium ermöglicht. Auf diese Weise wird die Wissenslücke geschlossen, die der Oberschulunterricht nach der Reform hinterläßt. Das Beispiel zeigt, daß pragmatische Formen der Zusammenarbeit über die Kompetenzgrenzen hinaus möglich sind. Gleichzeitig müßte es dem Forschungsminister Anhaltspunkte geben, wie er einen Teil seiner Ausgaben für die FuE-Förderung in den Humankapitalbereich lenken könnte.

CHRISTIANE BUSCH-LÜTY

Die letzten Ausführungen von Herrn SCHEID verändern etwas die Perspektive seiner Darlegungen, die ich eigentlich hier aufgreifen wollte. Sein Modell einer marktwirtschaftlichen Technologiepolitik, wie er es hier nach seinen eigenen Worten erstmalig vorgestellt hat, findet sicher im Kreis der hier Anwesenden viel Sympathie und Zustimmung. Ich möchte mich aber hier wieder mehr auf die Realität der europäischen Technologiepolitik beziehen, wie er sie zu Beginn seiner Ausführungen dargestellt hat. Wir haben gelernt, daß das jetzt auch 'Neue Industriepolitik' genannt wird - wobei diese Umfirmierung offensichtlich suggerieren soll, daß das wirklich etwas Neues ist, obgleich es sich doch um Altbekanntes handelt.

Als Herr SCHEID dieses jüngste Kind der EG hier vorstellte, hatte man durchaus den Eindruck, daß er das mit einiger Sympathie tat und sich erst später mit der Darstellung seines Modells vom Konzept der EG als einer vor allem ordnungspolitisch bedenklichen Fehlkonstruktion distanzierte. Da wir uns hier im Rahmen unseres Gesprächs aber darauf verständigt haben, daß wir von den realen Gegebenheiten in Europa ausgehen wollen und nicht von noch so verführerischen Gedankenmodellen, steht für mich seine Aussage im Raum, daß die Technologiepolitik der EG abseits aller ordnungspolitischen Skrupel als Fitneßprogramm zur Steigerung der Wettbewerbsfähigkeit der europäischen Industrie vor allem gegenüber den USA und Japan intendiert ist, und daß das als eine positive Entwicklung anzusehen ist, weg von der herkömmlichen strukturell eher defensiv ausgerichteten Industriepolitik.

Wie soll aber angesichts des so sehr unterschiedlichen Entwicklungsstandes der High-Tech-Industrien in den Ländern der EG eigentlich die Förderung von 'Zukunftsindustrien' von Brüssel aus konkret funktionieren? Diese müßte doch unbedingt ohne Rücksicht auf einen 'nationalen Proporz' verfahren, wenn wirklich Spitzenreiter für den weltweiten Wettbewerb herangezogen werden sollen. Schon allein die ja prinzipiell für die Entscheidungsgremien bestehende Ungewißheit darüber, was sich als mehr oder weniger 'zukunftsweisende Entwicklungen' erweisen wird, läßt doch befürchten, daß eben auch in diesem Bereich sich wieder der nationale Proporz als Verteilungsmuster der Subventionierung durchsetzen wird - und damit gerade nicht die Fitneß für den weltweiten Wettbewerb gestärkt wird!

RUDOLF SCHEID

Auf die vielen Fragen eine erschöpfende Antwort geben zu wollen, würde zu weit führen - deshalb,so kurz wie es der Sache nach möglich ist, folgendes:

Es ist tatsächlich so, daß hier eine Art 'Etikettenänderung' vorliegt. Das was früher als Industriepolitik konzipiert war, haben wir in den Verbänden mit viel Verve bekämpft. Dabei haben wir auch die Bundesregierung unterstützt. Die industriepolitische Konzeption der EG-Kommission war ein Interventions-Programm. Schon das Vokabular hinderte daran, sich darauf einzulassen. Nun legen ähnliche Ambitionen das feinere Gewand der FuE-Politik an, und sie werden plötzlich akzeptiert. Darin sehe ich eine Gefahr und deswegen warne ich davor, obwohl ich nicht bestreiten will, daß die Motive tatsächlich weniger interventionistisch sind als vorher. Daß es in der EG-Kommission starke Bestrebungen gibt, die Wettbewerbsfähigkeit der europäischen Unternehmen zu stärken, ist ja durchaus nicht verwerflich, im Gegenteil!

Herr CASPARI hat mit Recht darauf hingewiesen, daß wir in der EG auch technologiepolitisch ein Solidaritätsthema nach innen haben. Griechenland hat vor drei Jahren einen industriepolitischen Forderungskatalog vorgelegt, zu dem sich die übrigen EG-Länder geäußert haben. Unter anderem wurde verlangt, nun endlich technologische Gleichheit in der EG dadurch herzustellen, daß das Entwicklungstempo in den fortgeschritteneren Ländern gebremst wird, damit die übrigen schneller aufholen können. Dies war eine Konzeption, die niemand akzeptieren konnte. Ich respektiere den hohen ethischen Anspruch, den Herr CASPARI formuliert hat. Von dem, was bisher in der Realität daraus geworden ist, halte ich jedoch nicht viel. Die griechische Forderung ist jedenfalls nicht annehmbar, obwohl sie vor einigen Monaten von einer Kommission, die sich erneut damit befaßt hat, unterstützt worden ist. Würde man darauf eingehen, dann könnte die EG ihre Hoffnung auf eine technologisch gleichwertige Spitzenposition neben den USA und Japan definitiv aufgeben.

Weiterhin wurde gefragt, wieso wir dann trotz aller Nachteile in der EG während der letzten Jahre so gut aufgeholt haben. Für das ganze Europa würde ich diese Feststellung nicht für richtig halten. Sie gilt aber für die Länder, die in der Lage sind, Spitzentechnologie zu entwickeln. M.E. ist es zu diesem Aufholprozeß gekommen, weil ein neues Bewußtsein entstanden ist. Die Menschen haben nach generationenlanger Bindung an die mechanische Industrietradition den Weg zur Elektronik gefunden. Das gilt vor allem für die jungen Leute. Wichtig war aber vielleicht auch, daß es zum erstenmal seit vielen Jahren zu stabilen Lohnstückkosten kam - und dies auch in den hochproduktiven Bereichen wie etwa in der Elektroindustrie, wo die Lohnstückkosten temporär sogar sanken. Damit war die Hauptbedingung für die Herbeiführung technologischer Fitneß erfüllt, nämlich die Wiederherstellung der Kapitalbildungskraft der Unternehmen.

Deshalb ist es für die Forschung und Entwicklung günstiger, die Kapitalbildungskraft der Unternehmen im Verteilungsprozeß zu sichern, statt durch Subventionen. Die Japaner haben das schon vor zehn Jahren erkannt und sich daran gehalten. Wir haben dazu viel länger gebraucht.

MANFRED CASPARI

Zunächst einige Bemerkungen zur Ordnungspolitik. Die Kommission - und gerade meine Generaldirektion - haben sich vor zwei Jahren sehr intensiv mit der Frage der Forschungskartelle beschäftigt. Wir sind zum Schluß gekommen, daß Absprachen zur Forschung (und es kann auch weiter gegangen werden: zur weiteren Verwendung der Forschungsergebnisse, jedoch nicht zum Vertrieb der Produkte), wenn sie sich in bestimmtem Rahmen halten - wir haben gesagt 20 v.H. Marktanteil - wettbewerbsfreundlich sein können. Wettbewerb ist heute nicht mehr nur eine Rivalität zwischen Produzenten, die - nehmen wir das Beispiel des Zements - in Konkurrenz untereinander ein weitgehend homogenes Produkt verkaufen, wobei der Eine oder Andere einmal ein paar Prozent mehr an Marktanteil zulegt. Wettbewerb ist gerade heute viel mehr der Wettbewerb um neue Produkte, um neue Verarbeitungsprozesse. Das ist der vorstoßende Wettbewerb, der in den relativ raschen Prozessen, in denen wir uns befinden - die Mikro-Elektronik beschleunigt sie noch - wahrscheinlich von viel größerer Bedeutung ist als der traditionelle Wettbewerb auf statischen Märkten. Die Kommission hat nun geglaubt, daß es durchaus eine gute Sache ist, Absprachen zu ermöglichen, die den vorstoßenden Wettbewerb intensivieren. Dem vorstoßenden Unternehmen mag dabei für eine gewisse Zeit eine gewisse Monopolstellung zufallen. Seine Stellung muß aber so sein, daß ein nachstoßender Wettbewerb es bald einholen kann. Demzufolge sehen wir nicht jegliche Forschungszusammenarbeit als etwas Verwerfliches an, sondern meinen, daß es auch Arten von Zusammenarbeit gibt, die letztlich mehr Dynamik und mehr Flexibilität in den Markt bringen. Aber natürlich muß sich das in den Grenzen eines ordnungspolitischen Rahmens abspielen; dazu gehört auch ein offener Markt nach außen.

Eine weitere Bemerkung betrifft die europäische Technologie- und Forschungspolitik. Hier stehen wir vor der Tatsache, daß die Mitgliedstaaten, vor allem die großen und reichen Mitgliedstaaten, kräftig in die Forschungsförderung hineinbuttern. Die Kommission hat jahrelang diese Beihilfen weitgehend laufen lassen. Ein Teil dieser Gelder wird unter dem Vorwand der militärischen Forschung gegeben; hier ist es fraglich, wie weit unsere vertraglichen Rechte reichen. Und für die Mikro-Elektronik gibt es Ratsentscheidungen, die besagen, daß die Entwicklung dieser Industrie im gemeinsamen Interesse liege. Immer mehr haben wir aber die großen Probleme erkannt, die sich aus dieser massiven Forschungsförderung ergeben. Wenn Unternehmen Forschungsmittel erhalten für etwas, was sie ohnehin tun würden, dann bedeuten diese Mittel einfach nur eine Verbesserung der Kassenlage. Das ist vor allem dann bedenklich, wenn sie - was wir in mehreren Fällen gefunden haben - Großunternehmen zugute kommen. Das heißt Verbesserung der Kassenlage der Großunternehmen zu Lasten der kleineren und mittleren. Wir wissen ja zudem auch aus speziellen Fällen, die wir kartellrechtlich untersucht haben, daß die ganz großen technischen Fortschritte oft gerade von mittleren und kleinen Unternehmen kommen. Die großen Unternehmen mögen dann Vorteile in der Weiterentwicklung und Vermarktung haben. Das andere Problem ist, daß staatliche Beihilfen dazu führen können, daß man nur dort forscht, wofür man Geld bekommt. Ich denke in diesem Zusammenhang an die rund 6 000 Projekte, die in Deutschland gefördert werden. Das Potential an Forschern wird dann entsprechend dem eingesetzt, was ein Beamter entscheidet. Das kann zur Fehlallokation des limitierten Forschungspersonals führen; die Forschungsaktivität entspricht nicht dem, was Wettbewerb und Markt erfordern. Noch ein Wort zum deutschen Personalkostenzuschuß: Ich frage mich manchmal, ob es sich dabei nicht eher um eine Betriebsbeihilfe als eine Forschungsbeihilfe handelt. Als Folge der bisherigen Erfahrungen hat die Kommission jetzt ihre Richtlinien bekanntgegeben, nach denen sie künftig nationale Beihilfen zur Forschungsförderung behandelt. Danach darf die Beihilfe höchstens 50 v.H. der Kosten betragen. Je marktnäher das Projekt ist, desto niedriger hat jedoch dieser Prozentsatz zu sein. Bei Überschreiten gewisser Schwellenwerte sind nicht nur die Beihilfesysteme, sondern auch Einzelanwendungsfälle zu notifizieren. Diese Bekanntmachung zeigt - bei insgesamt durchaus positiver Einstellung gegenüber Forschungsbeihilfen -, daß die Kommission diese finanzielle Förderung auch mit einem kritischen Auge sieht.

Was nun die Brüsseler Vorschläge für das europäische Programm angeht, so scheinen mir die Mittel, die dafür angefordert werden, ein Klacks zu sein - gemessen an dem, was die Mitgliedstaaten einsetzen. Das europäische Programm sollte helfen, die Verschwendung einzudämmen, die sich aus einem Nebeneinander oder Gegeneinander nationaler, staatlich finanzierter Forschungsprogramme ergibt, d.h. die Mittel sollten effizienter eingesetzt werden.

RUDOLF SCHEID

Damit wir nicht zu sehr in qualitativen Termini reden müssen, folgende Zahlen: Bis 1990 plant die EG-Kommission, 25 Mrd. DM für die schon verabschiedeten Forschungsprojekte aufzuwenden. Weitere kommen hinzu. Damit werden mindestens 50 Mrd. DM in Bewegung gesetzt. Das ist bestimmt nicht wenig. Wenn nur die zusätzlichen Anforderungen des Mikroelektronikprogrammes ESPRIT erfüllt werden sollen, bedeutet dies ein Aufwand von fast 10 Mrd. DM. Es gibt also Grund genug, den Anfängen zu wehren.

EDUARD M. MICHAELIS

Ich habe zunächst eine ganz konkrete Frage an Prof. SCHEID: Halten Sie die Forschungskoordination im europäischen Rahmen für eine realisierbare Forderung? Dazu ein kleines Beispiel, das zeigen soll, warum mir das unmöglich erscheint: Das Batelle-Institut in Frankfurt hatte die Absicht, für ein neuentwickeltes Verfahren (Direktreduktion von Eisenoxyd) in einem gewissen Industriezweig (Stahlindustrie) von den führenden Firmen den Stand der Technik zu erwerben, um dann an Firmen, die die Absicht hatten, sich auf diesem Gebiet industriell zu engagieren, für eine gewisse Summe Geldes das integrierte know how zu verkaufen. Bei dem Verkaufsgespräch, bei dem viele Interessenten zugegen waren, habe ich dann die Frage gestellt, ob in dem know how-Paket auch das know how des Marktführers enthalten sei. Die Antwort lautete: Wir haben es noch nicht, aber wir hoffen, es auch zu bekommen. Das war das Ende des Verkaufsgepräches. Warum wohl? Der Marktführer in einer freien Marktwirtschaft hat sich ja seine Position durch einen entsprechenden Aufwand an Human- und Sachkapital geschaffen. Soweit zur konkreten Lage und meine diesbezügliche Frage.

Nun aber etwas Generelles: Ich habe bei allen Vorträgen einen Hinweis auf das Humankapital, was bei all den diskutierten Dingen die Schlüsselrolle spielt, vermißt und mich deshalb besonders gefreut, daß Prof. SCHEID in einem Nachtrag auf das Humankapital zu sprechen kam. Wir müssen uns darüber im klaren sein, daß der Schwerpunkt des wirtschaftlichen Geschehens sich im dritten Jahrtausend in den pazifischen Raum verlagert. Wir Europäer werden eine 'quantité négligable' werden, wenn wir nicht durch unser Humankapital in der Lage sind, unsere Führungsrolle zu bewahren. Im pazifischen Raum haben wir Idealbedingungen für eine freie Marktwirtschaft mit zwei hochindustrialisierten Nationen und Milliarden von Menschen mit einem Lebensstandard nahe Null. Deswegen müssen wir Europäer unser Humankapital pflegen. Es wurde bei dieser Tagung sehr viel von 'measures' und sehr wenig von 'men' gesprochen; wir leben aber in einer 'manmade world'!

In der Bundesrepublik und in Österreich liegt im argen erstens, daß der Oberstufenschüler sich für das Abitur die Fächer, in denen er geprüft werden will, selbst auswählt, zweitens, daß durch die schwierigen Nachkriegsverhältnisse viele Lehrstühle - ich bitte vielmals um Entschuldigung - mit Mediokritäten besetzt sind, die aber bis zum 65. Lebensjahr die Stellung halten. Das ist fatal!

HUBERTUS DESSLOCH

Ich greife das Stichwort 'Humankapital' gerne auf. Der Mensch spielt in den Fragen, die wir hier erörtern, eine Schlüsselrolle. Seine Kreativität wird über unsere wirtschaftliche Zukunft entscheiden.

Kreativität heißt nicht nur Erfindung neuer Produkte, neuer Vertriebs- und Rationalisierungsmethoden. Kreativität setzt Bildung voraus und Selbstbewußtsein. Bildung heißt nicht nur Fachwissen, sondern auch Allgemeinbildung, und als Teil der Allgemeinbildung insbes. ein Gefühl für den geistigen Zustand der Zeit. Denn wir leben in einer Zeit des Umbruchs. Wir haben unsere Kultur über viele Jahrhunderte hin soweit säkularisiert, daß wir die Kraftquellen für die Seele verschüttet haben. Die Folge ist bei vielen Menschen ein Mangel an Identität. Mangel an Identität bedeutet Ich-Schwäche. Ich-Schwäche ist das Gegenteil von Selbstbewußtsein. Ohne gesundes Selbstbewußtsein gibt es keine Kreativität.

Eine Diskussion über diese Zusammenhänge findet in der Wirtschaftswissenschaft - so weit ich es erkennen kann - nicht statt. Volkswirtschaft wird heute an der Universität als eine mathematische Disziplin gelehrt. Damit wird ein Grad der Abstraktion praktiziert, der von vornherein die Einbeziehung des Faktors 'Mensch' ausschließt. Ich halte das für eine Katastrophe.

RUDOLF SCHEID

Herr MICHAELIS hat nach der Forschungskooperation gefragt. Hier gibt es ein kleines Mißverständnis. Ich glaube, daß Forschungskooperation nur dort funktioniert, wo sie sich für die beteiligten Unternehmen rentiert. Es wäre sinnlos, Forschungskooperationen auf die EG begrenzen zu wollen, wenn es bessere Partner in den USA und Japan gibt. Die Freiheit, sich für den jeweils geeigneten zu entscheiden, darf nicht durch Diskriminierung und Begünstigung in Europa beeinträchtigt werden.

Aber ich sprach nicht von dieser Form der Kooperation, sondern vertrat die Meinung, daß es eine wichtige Aufgabe der EG-Kommission sein könnte, Kooperation und Transparenz der europäischen Forschungsinstitute herbeizuführen; dies nicht nur zur Vermeidung von Doppelarbeit. Sie ist in der Forschung ohnehin nicht von vornherein abzulehnen, sondern damit jeder weiß, was alle anderen auf diesem Gebiet tun.

DIETER SPETHMANN

Ich möchte eine kurze Bemerkung zur staatlichen Forschungsförderung machen. An ihr wird unter anderem kritisiert, daß sie auch jene Unternehmen unterstützt, die ein bestimmtes Forschungsvorhaben auch ohne staatliche Hilfe durchführen würden. Den Mitnahmeeffekt sollte man aber nicht überschätzen, wenn man an die hohe Grenzsteuerbelastung denkt, der ein halbwegs erfolgreich geführtes Unternehmen unterliegt. Auf diesem Wege kann ein großer Teil der staatlichen Forschungsförderung an die Öffentliche Hand wieder zurückfließen.

HANS BESTERS

Das ist aber ein gefährlicher und zugleich unhaltbarer Begründungsversuch, weil die Gegenrechnung in Form der Aufbringung durch die übrige Wirtschaft, also deren Belastung unterschlagen wird.

RUDOLF SCHEID

Sicher ist richtig, daß zusätzliche Fördermittel zu zusätzlicher Forschung führen, aber zugleich bieten sie dem Steuerstaat und den Gewerkschaften ein Alibi dafür, auf diesen Teil der Zukunftsvorsorge keine Rücksicht nehmen zu müssen, weil ein verteilungspolitisches Fehlverhalten durch staatliche Subventionen ausgeglichen wird. Auch deshalb sind Forschungssubventionen problematisch.

ERNST HELMSTÄDTER

Ich möchte an Herrn REIF noch eine Frage stellen, weil er bisher wenig angesprochen worden ist.

Vor dreißig Jahren, als der Gemeinsame Markt anfing, hieß es, daß durch die ökonomische Dynamik sich auch ein politischer Druck zur Vereinigung ergeben müsse. Das ist eigentlich nur im ersten Schritt gelungen. Die ökonomische Dynamik hat es gegeben, aber die Nachzug-Effekte bezüglich der politischen Einigung haben sich nicht eingestellt. War das eine Fehlspekulation? Was müßten eigentlich die Bedingungen dafür sein, daß die ökonomische Dynamik zu politischen Schlußfolgerungen zwingt? Wenn Kriege oder kriegerische Ereignisse, die ja in der Geschichte oft zur Staatengründung oder zur Reallokation staatlicher Bindungen geführt haben, auch nicht als treibende Kraft in Frage kommen, fragt man sich, welche Kraft sonst noch die politische Vereinigung voranbringen könnte? Insbesondere stellt sich die Frage, ob die mit politologischen Kenntnissen versehene Bürokratie, die einige Techniken mit ein bißchen mehr Integrationszwang anwenden kann, das vermag? Was kann diese Kraft, verglichen mit den anderen genannten, viel robusteren Kräften zustande bringen?

KARLHEINZ REIF

Ich habe zu Beginn meines Vortrages unter dem Stichwort politische vs. unpolitische Integrationsmaterie meine Einschätzung der 'Theorien regionaler Integration' (MITRANY, FRIEDRICH, HAAS, SPINELLI) bzw. 'Nichtintegration' (HOFFMANN) schon angedeutet: Die funktionalistische Hoffnung auf eine automatische Entwicklung von der 'low-politics integration' zur 'high-politics integration' hat sich nicht erfüllt. Die sog. föderalistische Integrationstheorie ist keine empirisch-analytische Theorie, sondern ein normatives Programm. Sie enthält jedoch eine als empirisch-analytische Hypothese formulierbare Annahme, Integration setze (bewußte) politische Willens- und Institutionenbildung voraus. Dies scheint mir durch die bisherige Entwicklung des westeuropäischen Integrationsprozesses empirisch bestätigt zu sein.

Das neo-föderalistische Programm, das - verkürzt gesprochen - nicht mehr 'alles auf einen Schlag' will, und die neo-funktionalistische Theorie, die nicht mehr ohne verpflichtungsfähige Institutionen auskommen zu können glaubt, liegen m.E. nicht mehr unvereinbar weit voneinander entfernt. Erstens hat de GAULLE in Erinnerung gebracht, daß es keine vom politischen Willen unabhängige Automatik des 'spill-over' gibt. Zweitens hat die Entwicklung 'nach de Gaulle' m.E. gezeigt, daß 'der Drang der Entwicklung der Dinge zum spill-over' sehr wohl vorhanden ist. Aber wenn er nicht politisch bewußt aufgegriffen und auch gegen Widerstand durchgesetzt wird, bewirkt er Desintegration, bestenfalls Stagnation.

ERNST HELMSTÄDTER

Mir liegen keine weiteren Wortmeldungen mehr vor. Darf ich fragen, ob noch weitere Fragen gestellt werden? Das ist nicht der Fall. Dann möchte ich den heutigen Referenten für Ihre Vorträge sowie den Damen und Herren für Ihre Diskussionsbeiträge herzlich danken, ebenso den Referenten für Ihre Antworten. Ich darf daran erinnern, daß nach einer kurzen Pause hier im Saal die Mitgliederversammlung stattfindet.

Zweite Sitzung
25. April 1986

Die monetäre Integration: Was steht im Wege?
NORBERT KLOTEN

I.

Es ist schon bemerkenswert: Handelt es sich um die Gütermärkte und auch die Märkte für Dienstleistungen, so wird das, was der europäischen Integration im Wege steht, vor allem in divergenten nationalstaatlichen Regelungen gesehen; entsprechend wird dafür plädiert, auf administrative Schranken jeder Art zu verzichten. Die Marktkräfte sollen sich uneingeschränkt auswirken können, die Märkte derart funktionell zusammenwachsen. Das würde schon für sich, so wird argumentiert, die Spielräume einer an nationalstaatlichen Interessen ausgerichteten Politik einengen und zu einer stärker als bisher aufeinander abgestimmten Wirtschaftspolitik zwingen. Einander bindende Vorkehrungen für eine gemeinsame wirtschaftspolitische Willensbildung, insbesondere solche institutioneller Art, seien ein zusätzliches Erfordernis, um aus der Wirtschaftsgemeinschaft eine Wirtschaftsunion werden zu lassen. Die Reihenfolge der Aktionsstufen ist eindeutig: Die Integration der Märkte geht der Integration von Institutionen voraus; die Harmonisation der Wirtschaftspolitik ist einerseits Reflex der marktmäßigen Integration, andererseits Ausdruck sich einander annähernder konzeptioneller Positionen und - auf höherer Ebene des Integrationsprozesses - vertraglicher wie institutioneller Regelungen.

Geht es um die Aspekte einer monetären Integration, so scheiden sich die Geister schon im Vorfeld. Ganz ähnlich gesehen werden die Form des Handelns wie deren zeitliche Abfolge vor allem in der Bundesrepublik. Danach ist das von Hemmnissen jeder Art befreite Zusammenwachsen der nationalen europäischen Finanzmärkte eine notwendige, jedoch keine hinreichende Bedingung für die Integration auf der Ebene der politischen Entscheidungsfindung. Würde auf die noch bestehenden Beschränkungen des Geld- und Kapitalverkehrs irreversibel verzichtet, so beschnitte schon dies die Spielräume für nationalstaatliches Handeln. Doch erst wenn eine weitgehende Übereinstimmung in den Zielen der Wirtschaftspolitik und über das ihnen gemäße politische Vorgehen erreicht werden sollte, könnten an die Stelle eines nationalen Handelns vertragliche, vor allem institutionelle Absicherungen treten und damit eine gemeinsame Geld- und Währungspolitik auf europäischer Ebene. Die letzte Stufe in der Entwicklung zu einer europäischen Wirtschafts- und Währungsunion wäre die Errichtung einer europäischen Notenbank und einer europäischen Einheitswährung.

In der europaweiten Diskussion um den Ausbau des Europäischen Währungssystems (EWS) dominiert eine andere Sicht der Dinge. Zwar wird auch hier der Wegfall der die Geld- und Kapitalmärkte trennenden nationalen Regulierungen gefordert, doch nicht im Sinne einer conditio sine qua non, sondern als teils vorbereitende, teils begleitende Vorkehrung für eine aufeinander abgestimmte Währungspolitik. Mit Integrationsfortschritten dieser Art sollen die Zwänge für ein aufeinander abgestimmtes wirtschaftspolitisches Handeln geschaffen werden. Die Harmonisierung der Geld- und Währungspolitik wird so zu einer Vorbedingung für die Integration der Finanzmärkte. Mit anderen Worten: Institutionelle Fortschritte auf dem Felde von Geld und Währung werden als Ferment, ja als Dreh- und Angelpunkt einer Weiterentwicklung der Europäischen Gemeinschaft zu einer Wirtschafts- und Währungsunion angesehen. Die Schlüsselrolle, die der monetären Integration bei dieser Sicht der Dinge zuwächst, verleiht ihr eine strategische Dimension, die sie aus den übrigen Politikbereichen heraushebt.

II.

Der Dissens über die Mittel wie die Zwischenziele der monetären Integration und damit die sachgerechte Folge der Etappen, auf denen sie sich vollziehen soll, ist ein alter Gefährte der Auseinandersetzungen um den rechten Weg zu einer Wirtschafts- und Währungsunion. Er umreißt seit Anfang der 70er Jahre das Leitthema des Disputs; er ist es, der den Kompromißcharakter der bisherigen Integrationsinitiativen auf europäischer Ebene enthüllt. Der Text des EWG-Vertrages ließ von alledem noch wenig ahnen. In der Annahme, daß die Stabilität der Wechselkurse durch das System von Bretton Woods gesichert sei, wurde in Art. 3 EWG-Vertrag lediglich "die Beseitigung der Hindernisse für den freien Personen-, Dienstleistungs- und Kapitalverkehr zwischen den Mitgliedstaaten" als eines der zentralen Tätigkeitsfelder der Gemeinschaft genannt. Vertraglich vereinbart war also lediglich die funktionelle Integration der Märkte. Immerhin stehen demnach Eingriffe in die Freiheit des Geld- und Kapitalverkehrs eindeutig im Widerspruch zum Liberalisierungsgebot des Art. 67 des EWG-Vertrages, sofern nicht die Schutzklausel nach Art. 73 geltend gemacht werden kann. Sache der Kommission wäre es gewesen, auf eine Einhaltung des Liberalisierungsgebots (Art. 67) zu achten und gegebenenfalls mit eigenen Vorschlägen initiativ zu werden (Art. 69). Die zugehörigen Entscheidungen hätten allerdings vom Ministerrat getroffen werden müssen. Der vertraglichen Pflicht haben beide nicht genügt, konnten es wohl auch nicht.

Um die in den 60er Jahren - nach der Vollendung der Zollunion - eingetretene Stagnation des Integrationsprozesses, vor allem um das Defizit im monetären Bereich zu überwinden, wurde 1969 die 'Werner-Kommission' gegründet. Sie ließ sehr bald den fundamentalen Dissens zwischen den beiden Basispositionen deutlich werden. Die eine, die - wie man damals sagte - ökonomistische Position, beharrte auf der wirtschaftspolitischen Konvergenz bei integrierten Märkten als unabdingbarer Voraussetzung für jede währungspolitische Integration; aus der anderen, der monetaristischen Sicht kann eine solche Konvergenz nur durch ein institutionell abgesichertes geldpolitisches Handeln erzwungen werden. Monetaristische Postulate prägten die Entschließung des Rates vom 22.3.1971 über die stufenweise Verwirklichung der Wirtschafts- und Währungsunion: Am Ende eines auf zehn Jahre befristeten Stufenplanes, dessen erste Stufe vor allem eine Beschränkung des geldpolitischen Spielraumes durch ein Festkurssystem mit eingeengten Bandbreiten vorsah, sollte ein "eigenständiger Währungsraum im Rahmen des internationalen Systems" stehen - mit voller und irreversibler Konvertibilität der Währungen, absolut festen Paritäten (ohne Bandbreiten) und einem gemeinsamen Zentralbanksystem. [1] Währungskrisen und mangelnder Kooperationswille der europäischen Partner standen dem Plan entgegen; er scheiterte, doch seine Hinterlassenschaft (der Europäische Wechselkursverbund und der Europäische Fonds für währungspolitische Zusammenarbeit (EFWZ)) wurde zu konstituierenden Elementen des von Helmut SCHMIDT und GISCARD d'ESTAING betriebenen Bremer Beschlusses über die Errichtung eines Europäischen Währungssystems vom Juli 1978. [2] Obwohl im ganzen zurückhaltender und weniger konkret als die Initiative zuvor war auch der neue Vorstoß in seinem Kern durch monetaristische Gedankengänge bestimmt. Spätestens zwei Jahre nach seinem Inkrafttreten sollte das EWS in ein 'endgültiges System' überführt werden, das die Schaffung eines Europäischen Währungsfonds sowie die uneingeschränkte Verwendung der European Currency Unit (ECU) als Reserveaktivum und Instrument für den Saldenausgleich vorsah. Heute, etwas mehr als sieben Jahre später, befinden wir uns noch immer in der wiederholt prolongierten ersten Stufe. Die Bedingungen für den Übergang in die zweite Stufe wurden nicht erfüllt und können auch im Urteil selbst der eifrigsten Befürworter einer monetären Integration in absehbarer Zeit nicht so erfüllt werden, wie sich das die Gründerväter des Systems vorgestellt hatten. Das erklärt die Suche nach alternativen Wegen,

1) Entschließung des Rates und der Vertreter der Regierungen der Mitgliedstaaten vom 22.3.1971 über die stufenweise Verwirklichung der Wirtschafts- und Währungsunion in der Gemeinschaft, abgedruckt in: Rainer Hellmann/Bernhard Molitor (Hrsg.), Textsammlung zur Wirtschafts- und Währungsunion in der EG, Baden-Baden 1973, S. 44-53.
2) Vgl. Schlußfolgerungen der Präsidentenschaft des Europäischen Rates (Tagung am 6. und 7.7.1978 in Bremen), abgedruckt in: Deutsche Bundesbank, Auszüge aus Presseartikeln Nr. 53 vom 11.7.1978; Anlage zu den Schlußfolgerungen der Präsidentschaft des Europäischen Rates, abgedruckt in: Ausschuß der Präsidenten der Zentralbanken der Mitgliedstaaten der Europäischen Wirtschaftsgemeinschaft (Hrsg.), Textsammlung zum Europäischen Währungssystem, Frankfurt 1985.

die allerdings ausnahmslos auf eine Weiterentwicklung des EWS setzen. In den letzten Jahren wurden Ungeduld und Druck stärker. Die Sorge um den Zustand der europäischen Integration verband sich mit politischen Ambitionen und nationalen Interessen, auch Interessenlagen gesellschaftlicher Gruppen. In dieser neuen Phase des integrationspolitischen Disputes setzte der Europäische Rat mit seinem Beschluß vom 2./3.12.1985, den EWG-Vertrag zu ergänzen, einen vorläufigen Schlußpunkt. [3] Aus währungspolitischer Sicht überraschten Formeln, die ein deutliches Abrücken von bisher präferierten monetaristischen Fixierungen signalisierten. Es ist wohl nicht zuletzt ein Verdienst Bundesministers STOLTENBERGs und seines Staatssekretärs TIETMEYER, wenn jetzt im EWG-Vertrag vorgesehen ist, daß es zur Weiterentwicklung der Gemeinschaft der wirtschafts- und währungspolitischen Konvergenz bedarf und daß die Notenbanken ihre bisherigen Zuständigkeiten bei der Zusammenarbeit in der Wirtschafts- und Währungspolitik (gemäß den Zielen des Art. 104 EWG-Vertrag) behalten. Der neue Vertragsartikel respektiert, daß der Ausbau des EWS Sache der Notenbanken bleibt. Aus deutscher Sicht ist besonders zu begrüßen, daß 'institutionelle Veränderungen' in Zukunft nach dem Verfahren des Art. 236 EWG-Vertrag vorgenommen werden müssen, was jeweils eine Ratifizierung durch die nationalen Parlamente erfordert. Trotz dieser erfreulichen Klarstellungen des Luxemburger Beschlusses sind wichtige Fragen offen geblieben. So fehlt es etwa an einer eindeutigen Definition des Ausdrucks 'institutionelle Veränderungen'. Zählt dazu nur die Errichtung neuer Gemeinschaftsorgane, so daß die Übertragung von Zuständigkeiten auf bereits bestehende Gemeinschaftsinstitutionen nicht ratifizierungsbedürftig ist? Oder soll darunter beides verstanden werden, wie dies von deutscher Seite interpretiert wird? Es muß also damit gerechnet werden, daß in Zukunft immer wieder Konflikte aus einer divergenten Auslegung des Textes erwachsen.

Viel kommt dabei auf die Haltung der Kommission der Europäischen Gemeinschaften an, die mit ihren Vorstellungen in Luxemburg gescheitert ist. Die von Präsident DELORS auf der Tagung des ECO-FIN-Rates am 28.10.1985 als offizieller Reformvorschlag der Kommission vorgelegten 'Monetary Provisions' sahen einen ganz anderen Weg vor, der unverkennbar von monetaristischen Vorstellungen geprägt war. Mit dem Delors-Plan wäre der Wechselkursstabilität eindeutig der Vorrang vor der internen Geldwertstabilität eingeräumt worden. Er hätte das EWS, die ECU und den EFWZ in das Regelwerk der Gemeinschaft integriert und Zuständigkeiten der EG-Gremien für Währungsfragen begründet,

---

[3] Vgl. Einheitliche Europäische Akte, unterzeichnet von den Außenministern der EG-Mitgliedstaaten in Luxemburg im Februar 1986, abgedruckt in: Europa-Archiv, 41. Jg., Dokumente D 163 vom 25.04.1986.

durch die der geldpolitische Handlungsspielraum der Notenbanken eingeengt und die Initiative zur Weiterentwicklung des EWS von den Notenbanken auf die Kommission übertragen worden wären.

Bei dem großen Abstand zwischen den Absichten der Kommission und dem Luxemburger Beschluß drängt sich die Frage auf, ob die Kommission, insbesondere ihr Präsident DELORS, nun versuchen werden, durch eine opportune Exegese des Beschlusses zu retten, was noch zu retten ist. Oder wird es auf seiner Basis zu einer substantiellen Annäherung der Standpunkte kommen? Wird die Kommission dann auch bereit sein, die Inkonsequenz einer Haltung einzugestehen, wie sie etwa in ihrem Weißbuch über die 'Vollendung des Binnenmarktes' vom Juni 1985 zu finden ist? [4] Dort fordert sie ganz allgemein eine größere Liberalisierung des Kapitalverkehrs, ohne indessen auf eine volle und irreversible Liberalisierung zu drängen, ja sie ist über die bereits bestehenden Hemmnisse hinaus bereit, den Mitgliedsländern im Rahmen sogenannter Schutzklauseln zusätzliche Beschränkungen des Kapitalverkehrs zuzugestehen. Wie widersprüchlich eine solche Haltung ist, hat der Wissenschaftliche Beirat beim Bundeswirtschaftsministerium in seiner Stellung zum Weißbuch der EG-Kommission herausgearbeitet. [5] Danach ist die von der Kommission geforderte Vollendung des Binnenmarktes für Güter- und Dienstleistungen nicht von der Liberalisierung des Kapitalverkehrs zu trennen. Werde es bei der bisherigen Abschottung der nationalen Finanzmärkte bleiben, dann werde weiterhin Kapital an Standorten mit geringeren Handelsvorteilen gebunden, so daß die Spezialisierungsvorteile, die mit dem Warenaustausch und dem grenzüberschreitenden Dienstleistungsverkehr einhergehen, nicht in vollem Umfang genutzt werden können. Das Ziel einer optimalen Arbeitsteilung in Europa, das mit einem gemeinsamen Binnenmarkt primär gefördert werden soll, könne so nicht verwirklicht werden. Mit allen ernst gemeinten Versuchen, die monetäre Integration in Europa voranzutreiben, seien folglich Kapitalverkehrskontrollen unvereinbar. Es wäre in der Tat schlicht widersinnig, eine währungspolitische Integration bei abgeschotteten nationalen Finanzmärkten erreichen zu wollen.

Warum fällt es dann so schwer, diese Einsicht in der europäischen Politik auch durchzusetzen? Die Antwort liegt auf der Hand. Es fehlt offensichtlich an der Bereitschaft, sich den Zwängen zu unterwerfen, die jede Liberalisierung des Kapitalverkehrs mit sich bringt. Bei integrierten Kapitalmärkten reagieren die

[4] Kommission der Europäischen Gemeinschaften, Vollendung des Binnenmarktes (Weißbuch der Kommission an den Europäischen Rat), Luxemburg 1985, Tz. 124 ff.
[5] Wissenschaftlicher Beirat beim Bundesministerium für Wirtschaft, Stellungnahme zum Weißbuch der EG-Kommission über den Binnenmarkt, abgedruckt in: Der Bundesminister für Wirtschaft, Studien-Reihe Bd. 51, Bonn 1986.

Marktkräfte schnell und wirkungsvoll auf divergente wirtschaftliche Entwicklungen und zwingen eine Regierung, sich entweder an die Verhältnisse in anderen Ländern - vor allem denen mit starken Währungen - anzupassen oder Paritätsänderungen des Wechselkurses ihrer Währung hinzunehmen. Freie Finanzmärkte sind derart mit einem Anreiz und zugleich einem Druck zugunsten einer stabilitätsorientierten Politik verbunden. Je mehr die Konvertibilität der Währungen eingeschränkt ist, desto geringer wird dieser Druck.

Das erklärt, warum im Europäischen Verbund - contra legem - darauf beharrt wird, das Recht auf Kapitalverkehrskontrollen nicht aufzugeben. Liberalisierende Schritte werden aus dieser Sicht eher als Konzession angesehen und nur getätigt, wenn gewährleistet erscheint, daß die Zugriffsmöglichkeiten im Prinzip erhalten bleiben. Die bisher vorgenommenen Liberalisierungsmaßnahmen sind noch kein überzeugender Ausdruck einer konzeptionellen Neubesinnung. Das zu belegen, fällt allerdings schwer. Gewiß fehlt es nicht an Katalogen, in denen die nationalen Kapitalverkehrsbeschränkungen sorgfältig aufgelistet sind, doch wie die komplizierten und häufig geänderten Detailregelungen administrativ gehandhabt werden und welches konkrete Gewicht ihnen zukommt, darüber ist nur wenig bekannt.

In Frankreich wurde nach dem jüngsten Realignment eine weitere Lockerung der Beschränkungen im Kapitalverkehr angekündigt. Sie ermöglicht es den französischen Unternehmern, ihre Importe durch Kurssicherungsgeschäfte für drei Monate im voraus abzusichern, nachdem dies bisher nur für bestimmte Importerzeugnisse und nur für eine Frist von einem Monat im voraus möglich gewesen ist. Und französische Exporteure müssen jetzt ihre Exporterlöse erst dann abführen, wenn sie diese auch tatsächlich erhalten haben und nicht wie bisher bereits am 15. Tag nach dem Grenzüberschritt des Produktes (die Exporteure mußten sich die Devisen dann entweder leihen oder per Termin ihre zukünftigen Devisenerlöse verkaufen). Man kann darin - wie die französische Regierung und auch die Kommission - liberalisierende Schritte sehen. Doch in Anbetracht dessen, daß Termingeschäfte im übrigen untersagt sind, daß es den Exporteuren - wie auch anderen Wirtschaftssubjekten - nicht erlaubt ist, überhaupt Devisenguthaben zu unterhalten, und daß es aufgrund eines gesonderten Marktes für Wertpapierdevisen ('devise titre') zu keinem französischen Netto-Kapitalexport bei Wertpapieren kommen kann, ändern solche Lockerungen wenig am System selbst, sondern erschließen lediglich für die Unternehmen gewisse, unter den gegebenen Bedingungen volkswirtschaftlich als erwünscht angesehene Vorteile. Demnach fehlt es in Frankreich trotz aller Willensbekundungen noch immer an der Bereitschaft, an den 'harten Kern' der Devisenbewirtschaftung heranzugehen. Gleiches gilt für Italien, wo jetzt erst einmal wieder jene Restriktionen abgeschafft worden sind, die am 16.1.1986 zusätzlich eingeführt worden waren. Auch hier bleibt mit der Bardepotpflicht (in Höhe von 25 v.H. bei Anlagen mit einer Befristung von mehr als einem Jahr und 50 v.H. bei kurzfristigen Anlagen) das zentrale Instrument der Kapitalverkehrskontrolle unangetastet. Ebenso ist in Belgien nicht der Wille zu erkennen, das System des gespaltenen Devisenmarktes abzuschaffen (obwohl der Devisenkurs am 'freien Markt', über den alle Wertpapiertransaktionen abgewickelt werden müssen, seit einiger Zeit kaum noch nennenswerte Abweichungen vom Devisenkurs am 'offiziellen Markt' aufgewiesen hat), und in den EG-Ländern an der südlichen Peripherie sind derzeit noch nicht einmal Ansätze für eine Lockerung der sehr umfassenden administrativen Beschränkungen erkennbar.

Im Kontext der Kapitalverkehrskontrollen wird nicht selten auch die restriktive Position der Deutschen Bundesbank gegenüber der ECU als eine letztlich auf gleicher Ebene anzusiedelnde Form eines staatlichen Eingriffs in die europäischen Finanzmärkte genannt. Wegen der besonderen Rolle, die der ECU im Rahmen der monetären Integration Europas vielfach zugewiesen wird, wirft man der Bundesregierung und vor allem der Bundesbank eine europafeindliche Haltung vor. Wie wenig dies gerechtfertigt ist, sieht man schon daran, daß es den Bürgern in der Bundesrepublik jederzeit freisteht, in unbegrenztem Umfang ECU-Sichtguthaben zu unterhalten und ECU-Anleihen zu erwerben, allerdings nur dann, w e n n der Schuldner ein Gebietsfremder ist. Doch das hat zur Folge, daß die Bundesrepublik das einzige EG-Land ist, in dem Gebietsansässige sich nicht in ECU verschulden können. Die Bundesbank sah sich aufgrund von § 3 Währungsgesetz bisher nicht in der Lage, solche Schuldverträge zu genehmigen. Für sie ist die ECU nach geltendem Recht nicht eine Währung wie andere Fremdwährungen. Folglich fällt es der Bundesbank schwer, das Eingehen von ECU-Verbindlichkeiten als einen Ausnahmetatbestand zu ihrem bisherigen generellen Verbot von Indexklauseln im Geld- und Kapitalverkehr zu erlauben. [6]
In Italien oder Frankreich wird die ECU dagegen offiziell als 'Devise' anerkannt; damit ist sie aber zugleich allen Reglementierungen für den Erwerb und das Halten von 'Devisen' unterworfen - sieht man einmal von einigen Ausnahmetatbeständen ab, durch die die ECU in diesen Ländern gezielt gegenüber anderen Fremdwährungen privilegiert wird. Immerhin haben der Zentralbankrat und die Bundesregierung in letzter Zeit zu verstehen gegeben, daß sie trotz nach wie vor gegebener rechtlicher Bedenken bereit sein könnten, ihre Position zu überdenken. Es besteht hier jedoch keinerlei Zeitdruck, zumal - wie die Statistiken des Eurobankenmarktes verdeutlichen - bei den deutschen Anlegern noch immer kein

6) Vgl. dazu ausführlicher Siegfried Bürger, Zur Verwendung der ECU nach deutschem Währungsrecht, Die Bank, Nr. 6/1984, S. 265-267.

allzu großes Interesse an ECU-Konten besteht. Wichtiger ist die Frage, ob das ECU-Verbot überhaupt ein Hindernis für die monetäre Integration in Europa darstellt. Wenn dies so wäre, müßte der Integrationsprozeß allein schon dadurch Impulse erlangen, daß über die ECU verstärkt auch in der Bundesrepublik disponiert werden kann. Diese Erwartung ist offensichtlich mit der Vorstellung verbunden, daß eine Parallelwährungsstrategie einen erfolgreichen Weg zu einer europäischen Währungsunion darstellen kann.

III.

Die Kluft zwischen Wirklichkeit und Auftrag ist also letztlich Reflex eines Beharrens auf Spielräumen für nationale Regulierungen und damit der fehlenden Bereitschaft, sich den Zwängen zu unterwerfen, die mit dem Verzicht auf solche Kontrollen verbunden wären. Das Beharren selbst wiederum ist die Ursache für integrationspolitische Lösungen, die nicht auf die integrierende Kraft der Märkte, sondern auf die Klammerfunktion gemeinsamer Willensbildungsprozesse setzen. Über sie soll die geldpolitische Marschrichtung im Kontext mit europäischen, aber auch mit nationalen Belangen festgelegt werden. Die geforderte Verzahnung zwischen dem offiziellen und dem privaten ECU-Kreislauf ist in diesem Zusammenhang allein ein Mittel zum Zweck. Das Gewicht der großen Notenbanken - insbesondere der Bundesbank - würde relativiert, die Mitspracherechte der kleineren Partner gestärkt. Es liegt auf der Hand, daß alle Lösungsvorschläge dieser Art mit vertraglichen und institutionellen Vorkehrungen verbunden sind, auch wenn dabei heute nicht mehr an große Lösungen (wie noch beim Bremer Beschluß), sondern an ein Vorgehen in mehr oder weniger kleineren oder größeren Schritten gedacht ist. [7] Durch Maßnahmen überall dort, wo sie politisch 'machbar' zu sein scheinen, sollen Prozesse ausgelöst werden, die ein erneutes und weiterreichendes Handeln begründen. In pragmatischer Haltung wird so auf die normative Kraft des Faktischen gesetzt. Doch das Resultat wären mit großer Wahrscheinlichkeit folgenschwere Defekte in der Geldpolitik, der nationalen wie der europäischen. Was bisher vorgeschlagen wurde, gewährleistet weder eine unabhängige Notenbank im strengen Sinne des Wortes, noch läßt es das Maß an Geldstabilität erwarten, das vor allem aus deutscher Sicht unabdingbar ist. Mit Zwischenstadien dieser Art im Integrationsprozeß verbinden sich

---

7) Vgl. dazu beispielsweise den 'Herman-Report', Bericht im Namen des Ausschusses für Wirtschaft und Währung über die Konsolidierung und den Ausbau des EWS im Rahmen der Vorschläge der Kommission der EG vom März 1982. Europäisches Parlament, Sitzungsdokumente 1983/84, Dokument 1-1251/83 vom 16.1.1984, Luxemburg 1984; Helmut Schmidt, Vorschläge für eine Weiterentwicklung des Europäischen Währungssystems, Europa-Archiv, 40. Jg. (1985), S. 223-232.

hohe geldpolitische Risiken, denn der Erfolg eines stufenweisen Vorgehens steht und fällt damit, daß die politischen Kräfte von den vielen Optionen, die sich auf jeder Etappe des Weges anbieten, sinnvoll Gebrauch machen. Nur dann gereichte der experimentelle Gehalt des Procedere zum Vorteil. Die Erfahrung lehrt anderes: Sie läßt daran zweifeln, ob die Beteiligten stets das Richtige tun würden, selbst wenn sie es könnten. Die Unwägbarkeiten konkurrierender integrationspolitischer Konzepte, die Gefahr von Kehrtwendungen und Neuorientierungen im politischen Raum wie divergente Interessenlagen und konträre ideologische Positionen begründen einen mit Hindernissen aller Art gespickten Weg.

Das Gesagte wiegt im Falle der Geldpolitik schwerer als anderswo im politischen Geschehen. Monetäre Politik muß effizient sein, das Geld verträgt weder Experimente noch faule Kompromisse. Die Geldpolitik hat in mittelfristiger Orientierung unabhängig von aktuellen politischen Strömungen zu erfolgen. Das begründet die Forderung nach der Autonomie einer zentralen währungspolitischen Institution, der sich im EWS in strenger Form allein die Bundesbank erfreut, auch wenn gegenwärtig etwa der Banque de France erweiterte Rechte zugestanden werden sollen. Gewährleistet wird eine solche Autonomie auf europäischer Ebene nicht schon dadurch, daß - wie es etwa der Herman-Bericht vorsieht - die Richtlinien des geldpolitischen Handelns durch ein Gremium der Notenbankgouverneure festgelegt werden, auch dann nicht, wenn das Exekutivorgan weder nationalen Weisungen noch Anordnungen der europäischen Kommission unterliegt. Nationale Einflußnahme und Orientierung an nationalen Interessen blieben existent. Beides wie der Zwang zur Kompromißbildung können so auf europäischer Ebene sehr leicht die Daten derart setzen, daß das geldpolitische Handeln in die falsche Richtung wirkt, oder daß der Geldpolitik der nationalen Notenbanken so enge Grenzen gezogen werden, daß ein stabilitätsorientiertes Vorgehen einzelner durch eine permissive Haltung anderer unterlaufen wird. [8]

Dieser Weg ist also mit untragbaren Risiken verbunden, doch das begründet wiederum noch kein Plädoyer zugunsten eines großen Sprunges nach vorne, wie er etwa mit der zweiten Stufe des EWS kommen sollte. Ohne Übergangsregelungen wird es allemal nicht abgehen; auch ist zu bezweifeln, ob ein europäisches Notenbanksystem überhaupt ohne Einbindung in eine allgemeine politische Integration (in Richtung eines europäischen Bundesstaates oder zumindest Staatenbundes) sinnvoll sein kann. Die Autonomie eines solchen Systems wäre nur dann gesichert, wenn ihm nicht nur - im Sinne des Status der Deutschen Bundesbank - autonome Rechte verliehen würden, sondern zugleich gewährleistet würde, daß

---

8) Ausführlicher - und mit einer synoptischen Übersicht über die Vorschläge der Weiterentwicklung der ECU - Norbert Kloten, Die ECU: Perspektiven monetärer Integration, Europa-Archiv, 40. Jg. (1985), S. 451-466.

nicht auf nationalstaatlicher Ebene eine konterkarierende Politik betrieben werden kann. Die Lösung beinhaltet demnach eo ipso eine gemeinsame und zentral bestimmte Währung, was letztlich doch wieder eine politische Integration voraussetzt.

IV.

Nicht wenige meinen, das Problem ließe sich durch die Einführung einer Parallelwährung lösen. Die Parallelwährungsstrategie wurde vor allem durch das 'All Saints' Day Manifesto for Monetary Union' im Jahre 1975 von einer Gruppe europäischer Wissenschaftler publik gemacht und wird seitdem in allen möglichen Schattierungen immer wieder diskutiert. [9] Doch diese scheinbar elegante Lösung leidet an zwei schwerwiegenden Defekten. Es fehlt bisher an einer überzeugenden Begründung dafür, wie es einer - wie auch immer ausgestalteten - Parallelwährung gelingen könnte, die bereits seit langem etablierten nationalen Währungen aus dem Markt zu drängen. Würde man dafür die ECU in ihrer bisherigen Korbdefinition heranziehen wollen, so ist nicht zu erkennen, wie sie sich im Währungswettbewerb vor allem gegenüber der D-Mark durchsetzen könnte. [10] Man darf sich hier von den Erfolgen, die die ECU auf den besonderen Marktsegmenten der internationalen Anleihemärkte und des internationalen Bankgeschäfts erzielen konnte, nicht blenden lassen, zumal die kräftige Expansion der ECU-Transaktion zu einem erheblichen Teil gezielte, nationalstaatlichen Interessen dienende Lockerungen bestehender Kapitalverkehrskontrollen - und damit letztlich diese selbst - widerspiegelt. Bezieht man die neu emittierten ECU-Anleihen auf die gesamte Anleiheemissionen in der EG (also einschließlich der in nationaler Währung auf den nationalen Märkten begebenen Titel) und den Bestand der ECU-Bankguthaben von Nichtbanken auf die gesamte Geldmenge M_3 in der Europäischen Gemeinschaft, dann ist der Anteil der ECU in beiden Bereichen verschwindend gering. Das bisherige Ausmaß der privaten ECU-Verwendung ist jedenfalls kein Indiz dafür, daß die ECU einmal die nationalen Währungen in nennenswertem Umfang verdrängen könnte. Auch die Genehmigung von ECU-Konten für Inländer dürfte daran nichts ändern. Würde man demgegenüber eine europäische Parallelwährung einführen, die nicht durch einen Korb, sondern - wie bei den übrigen nationalen Währungen üblich - als eine Papierwährung nur durch sich selbst definiert ist, dann würde eine solche EG-Währung gerade die spezifischen Vorteile einbüßen, die die heutige ECU aufgrund ihrer Korbdefinition genießt. Unterstellt man gleichwohl, daß eine europäische Parallelwährung

---

[9] Abgedruckt in: Michele Fratianni/Theo Peeters (Hrsg.), One Money for Europa, London/Basingstoke 1978, S. 37-43.
[10] Vgl. dazu ausführlicher Peter Bofinger, Is an ECU Parallel Currency the Way to Achieve European Monetary Integration?, Intereconomics, 20. Jg. (1985), S. 222-227.

tatsächlich die Aussicht habe, die nationalen EG-Währungen zu verdrängen, dann hat man sich zu fragen - und das ist der zweite Einwand -, wieso eine Regierung, die nicht bereit ist, nationale Autonomie zugunsten einer europäischen Währungsintegration zu opfern, einer Parallelwährungsstrategie zustimmen sollte, die dasselbe zwar nicht sofort, aber im Laufe der Zeit mit sich brächte - es sei denn, daß ihr auf diesem Wege die gewünschten währungspolitischen Kompetenzen auf europäischer Ebene zuwachsen.

V.

Es empfiehlt sich so allemal, die Dinge nüchtern zu sehen und sich auf elementare Einsichten in ökonomische Prozesse zu besinnen. Und dazu gehört nun einmal in erster Linie, daß es eines Durchbruches bei der Integration der F i n a n z m ä r k t e bedarf. Das wäre - ich habe das zu begründen versucht - schon für sich genommen ein integrationspolitischer Beitrag; ein weiterer ergibt sich aus der so bewirkten Einengung des Handlungsspielraumes für die nationale Wirtschaftspolitik, insbesondere die Geldpolitik. Zu einer solchen Politik integrierter Märkte paßt es nicht, daß in Großbritannien die Regierung weiterhin - auch angesichts der Probleme mit der in den letzten sieben Jahren praktizierten Geldmengensteuerung - glaubt, bei einer stabilitätsgerechten nationalen Geldpolitik besser zu fahren als bei einer Einbindung des Pfund Sterling in den Wechselkursverbund des EWS. In Italien dürften die konzeptionellen Bedenken weniger Gewicht haben. Wenn für die Lira eine weite Bandbreite im EWS beansprucht wird, so zeigen sich darin vielmehr die noch immer unzureichenden Voraussetzungen für einen stabilitätsgerechten Kurs der Geld- und Fiskalpolitik. Dies dürfte auch für die neuen Mitgliedsländer der Gemeinschaft gelten, von denen bisher klare Absichtserklärungen über eine mögliche Teilnahme am EWS fehlen. Unproblematisch sind die Divergenzen in der währungspolitischen Integration keineswegs, wenn man bedenkt, daß etwa Italien noch vor wenigen Wochen auf eine Abwertung der Lira verzichten konnte, weil es im breiten Band genügend Abwertungsspielraum durch Marktkräfte verfügbar hat. Die Sonderstellung der Lira und des Pfund Sterling ist heute nicht mehr zu rechtfertigen. Das Anliegen einer Integration der Finanzmärkte wie auch einer auf diese Weise bewirkten Harmonisierung der Geldpolitik spricht im Grunde gegen jedes all zu pragmatische Vorgehen im Sinne eines 'Europas der zwei Geschwindigkeiten'. Folglich sollten auch die neuen Mitgliedstaaten möglichst rasch - das schließt Übergangsphasen nicht aus - voll in das EWS integriert werden.

Aber selbst wenn in diesen Punkten Übereinstimmung bestünde, bleibt die Frage, ob damit bereits eine hinreichende Voraussetzung für eine monetäre Integration im Sinne der heutigen Forderungen geschaffen wäre. Die Antwort lautet nein, wenn es darum gehen sollte, eine Währungsunion in Europa zu verwirklichen. Sie lautet ja, wenn das Ziel vorrangig in der Schaffung eines gemeinsamen Binnenmarktes bestünde. Bereits mit den bestehenden Mechanismen und Verfahren des EWS konnten relativ konstante Wechselkurse zwischen den beteiligten Währungen erreicht werden. Daß die EWS-Leitkurse wiederholt angepaßt werden mußten, liegt nicht an der institutionellen Ausgestaltung des Systems, sondern an der mangelnden Bereitschaft der Teilnehmerländer zur stabilitätspolitischen Kooperation. Es muß daher ein zentrales Anliegen sein, auf eine größere Konvergenz in der Geld- und Finanzpolitik der einzelnen Länder zu drängen. Dabei ist gewiß einzuräumen, daß der aus den großen EG-Ländern bestehende Kern wirtschaftspolitisch heute homogener ist als zu Beginn des EWS. Doch dies ist weniger auf die - zumeist weit überschätzten - Disziplinierungseffekte des Systems zurückzuführen als vielmehr auf autonome nationale Entscheidungen in Orientierung an dominante nationale Interessen unter Nutzung der Fazilitäten des EWS. Aber auch sonst sollte man das Erreichte nicht überschätzen. Das Stabilitätsgefälle innerhalb der Gemeinschaft ist noch immer beträchtlich. In der Bundesrepublik lag die Inflationsrate 1985 bei 2,2 v.H., in Italien bei 9,2 v.H., in Griechenland und Portugal betrug sie sogar rund 19 v.H. Dahinter stehen kaum geringere Unterschiede in den Zuwachsraten der nationalen Geldvolumensaggregate. Bei der Fiskalpolitik der einzelnen EG-Länder fällt es noch schwerer, Ansätze zur wirtschaftspolitischen Konvergenz zu erkennen: Die Neuverschuldung der öffentlichen Haushalte belief sich in der Bundesrepublik 1985 auf 1,1 v.H. des Bruttosozialproduktes, in Italien lag diese Relation bei 13,7 v.H., aber auch in Belgien, Griechenland und Irland betrug das staatliche Defizit 1985 mehr als 10 v.H. des Bruttosozialproduktes.

Bei größerer Konvergenz der Wirtschaftspolitik als bisher könnte man zwar dem Ziel der Währungsunion deutlich näher kommen, ganz erreichen würde man es jedoch nicht. Der Gedanke liegt nahe, dazu das EWS mit seinem Wechselkursverbund zu nutzen, wobei jedoch der ECU nur eine Nebenrolle zufallen dürfte. Das vorrangige Ziel eines so gedachten Integrationsprozesses besteht darin, den Wechselkursverbund im Laufe der Zeit in ein Festkurssystem mit sehr engen Bandbreiten und unveränderlichen Paritäten zu überführen. Gelänge dies - bei völliger Freiheit des Geld- und Kapitalverkehrs -, so wäre mit einem pragmatischen Vorgehen eine sehr weitgehende monetäre Verzahnung der Mitgliedsländer erreicht worden, ohne daß es dazu neuer institutioneller Vorkehrungen bedurft hätte. Der Integrationsprozeß würde derart von spezifischen Risiken entlastet, die bei der monetaristischen Strategie als unvermeidbar erscheinen. Grundvoraussetzung für einen solchen integrationspolitischen Weg ist eine sehr enge Koordinierung der nationalen Geldpolitiken, die sich in Übereinstimmung mit den

Belangen der am Festkursblock teilnehmenden Ländergemeinschaft wie mit den mittelfristig ausgerichteten einzelstaatlichen Zielvorgaben zu befinden haben. Dazu bedarf es allerdings auch einer gemeinsamen Linie bei der Aufgabenzuweisung an die übrigen Politikbereiche, insbesondere an die Finanzpolitik.

Einen konkreten Vorschlag, wie die Geldpolitik in den Teilnehmerländern eines Festkursblockes ausgestaltet werden könnte, hat etwa der Sachverständigenrat zur Begutachtung der gesamtwirtschaftlichen Entwicklung schon 1966 mit seinem Konzept des 'gehärteten Devisenstandards' entwickelt, das sich vor allem dadurch auszeichnet, daß eine Notenbank nur dann zu Interventionen verpflichtet ist, wenn ihre eigene Währung unter Abwertungsdruck steht. [11] Es fehlt dann - anders als im System von Bretton Woods und im EWS - eine Interventionsverpflichtung für den Fall eines Aufwertungsdruckes auf die eigene Währung. Da in einem solchen Währungssystem auch keinerlei Beistandskredite der Notenbanken vorgesehen sind, ist eine Notenbank stets darauf angewiesen, eine Abwertungsspekulation gegen ihre Währung aus eigenen Kräften zu bewältigen. Eine solche 'Härtung' des EWS würde eine stabilitätsgerechte Politik in allen Teilnehmerländern fördern.

Einen anderen, heute häufiger diskutierten Vorschlag hat Ronald McKINNON eingebracht. [12] Er fragte sich, wie die Geldpolitik in den Teilnehmerländern eines Festkursblockes zwischen dem Dollar, dem Yen und der D-Mark beschaffen sein müßte. McKINNONs Vorschlag basiert darauf, daß jedes Teilnehmerland für sich eine inflationsfreie Zielvorgabe für die heimische Geldmenge festlegt. Daraus wird dann eine Zuwachsrate für die gemeinsame Geldmenge der Währungsgemeinschaft abgeleitet. Verändern sich die Währungspräferenzen der Anleger in der Welt, dann muß die Notenbank des Landes mit 'schwacher' Währung von ihrem nationalen Geldmengenziel nach unten abweichen, während die Notenbank des Landes mit 'starker' Währung die Geldmenge stärker ausweiten muß, als mit dem nationalen Potentialwachstum vereinbar ist, so daß die Zuwachsrate der Geldmenge des gesamten Festkursblocks unverändert bleibt. Eine solche Entwicklung der nationalen Geldmenge könnte dadurch herbeigeführt werden, daß die Notenbanken auf eine Sterilisation der Geldmengeneffekte ihrer Devisenmarktinterventionen - genau umgekehrt wie im EWS [13] - verzichten,

11) Sachverständigenrat zur Begutachtung der gesamtwirtschaftlichen Entwicklung, Expansion und Stabilität, Jahrsgutachten 1966/67, Stuttgart u.a. 1966, Tz. 259 ff.
12) Ronald McKinnon, An International Standard for Monetary Stabilization, Institute for International Economics, Policy Analyses in International Economics, No. 8, Washington D.C. 1984.
13) Siehe dazu Norbert Kloten, Erfahrungen mit dem Europäischen Währungssystem (Korreferat), in: Werner Ehrlicher/Rudolf Richter (Hrsg.), Probleme der Währungspolitik, Schriften des Vereins für Socialpolitik, N.F. Bd. 120, Berlin 1981, S. 173-189.

was dadurch gewährleistet werde, daß die Währungsreserven nicht mehr auf den Finanzmärkten, sondern ausschließlich als Einlagen bei anderen Notenbanken gehalten werden. Überträgt man MCKINNONs Vorschlag auf Europa, dann erweist es sich als vorteilhaft, daß keine neuen Gemeinschaftsinstitutionen benötigt würden, da die geldpolitische Integration allein auf der Kooperation der Notenbanken basiert. Entsprechend bedürfte es weder einer Ausweitung der Kompetenzen des EFWZ noch gar der Errichtung eines Europäischen Währungsfonds (EWF) oder einer Europäischen Zentralbank, und es wäre auch keine Verknüpfung des Kreislaufs der offiziellen ECU mit dem der privaten ECU erforderlich.

Gegen die logische Stringenz dieses Modells ist nichts einzuwenden, wohl aber gegenüber den zugrunde liegenden Annahmen (in bezug auf das systemgerechte politische Handeln). Auch hier wiederum ist der Wunsch der Vater des Gedankens und das Wunder des Glaubens liebstes Kind. Die Funktionsbedingungen wären nur dann zufriedenstellend erfüllt, wenn alle Teilnehmerländer stets dazu bereit sind, eine stabilitätsorientierte Politik unter Berücksichtigung der Geldmengenentwicklung im System insgesamt zu betreiben. Ist das auch nur bei einem größeren Land nicht der Fall - womit stets gerechnet werden muß -, müßte dies die systemimmanenten Regelmechanismen funktionsunfähig machen. Unterstellt werden nämlich quasi-europäische Beschlüsse, die zu einem aufeinander abgestimmten System nationalen Handelns führen. Genau das aber steht erst zu erwarten, wenn die allgemeinen politischen Voraussetzungen in einem föderativen Europa geschaffen sein sollten.

VI.

Damit erweist sich der eigentliche Kern des Problems aufs Neue: Weil die politischen Voraussetzungen für die Etablierung einer Währungsunion nicht gewährleistet sind, glaubt man sich einem Verfahren anvertrauen zu müssen, das durch systemimmanente Zwänge diese Voraussetzungen erst schafft. Zu diesen Zwängen kommt es allerdings nur dann, wenn die politischen Voraussetzungen gegeben sind. Liegen die Dinge so, muß mit langem Atem und einer Strategie der Risikominimierung gearbeitet werden. Und diese bedingt durchgreifende Fortschritte bei der Integration der Finanzmärkte, ein unermüdliches Werben für eine Konvergenz der Geld- und der Finanzpolitik im Dienste der Geldwertstabilität und solider öffentlicher Finanzen, eine Verstetigung der gesamtwirtschaftlichen Entwicklung sowie Formen einer politischen Kooperation auf allen Ebenen, bis die Bedingungen für weitreichende institutionelle Lösungen erfüllt sind - dann aber nicht allein im monetären Bereich. Wer dies anders sieht, hat einen Pfad aufzuzeigen, der eine marktmäßige Integration mit institutionellen Vorkehrungen derart verbindet, daß Fehlentwicklungen mit an Sicherheit grenzender Gewißheit ausgeschlossen sind.

VORSITZENDER

Ich glaube, wir schulden Herrn Prof. KLOTEN besonderen Dank für sein anspruchsvolles Referat, das uns sehr deutlich die anstehenden Probleme der monetären Integration vor Augen geführt hat. Anschließend wird und Herr Dr. MATTHES erläutern, wie die monetären Hemmnisse auszuräumen sind.

Die monetäre Integration: Hindernisse ausräumen! [1)]

HEINRICH MATTHES

Meine Ausführungen gliedern sich in zehn Thesen zur europäischen Währungsintegration:

(1) Es ist das Ziel der europäischen Währungsintegration, dem regionalen Wirtschaftsblock Europa und damit insbesondere auch seinem größten Mitglied die bestmögliche Währungsordnung zu verschaffen.

Die einzige, bisher theoretisch widerdspruchsfrei konzipierte Weltwährungsordnung war der Goldstandard. Nach dem Zweiten Weltkrieg entwickelte sich ein an Gold gebundener Dollar im Bretton Woods-System zur Hegemonialwährung. So lange der Hegemon ausreichend stabil war, war dies unter den damaligen Umständen, insbesondere bei höchst unvollkommener Kaspitalmobilität, eine befriedigende Lösung. Aus der Rolle des Stabilisators des Systems hat sich der Hegemon immer mehr zurückgezogen. Dies gipfelte 1971 in der auch formalen Kündigung des letzten Disziplinierungszwanges für die Leitwährung (Goldeinlösungspflicht) und führte dann 1973 zum generalisierten Floating. Dabei bestand die allgemeine Überzeugung, daß der nationalen Wirtschaftspolitik nun ein bedeutend größerer Handlungsspielraum für autonome Wirtschaftspolitik zuwachsen würde. Dies wäre jedoch nur dann der Fall gewesen, wenn sich die Wechselkurse dauerhaft nach den Kaufkraftparitäten orientiert hätten. Ohne eine Stabilisierung der Wechselkurserwartungen, wie sie insbesondere durch eine stabilitätsorientierte Geldmengensteuerung erreicht worden wäre, blieb dies aber eine Illusion. Unter diesen unzureichenden Voraussetzungen und im Zeichen der enorm gewachsenen Kapitalmobilität mußten sich gewaltige spekulative Kapitalströme in Marsch setzen, die das System flexibler Wechselkurse fundamental destabilisierten und zum fortgesetzten 'overshooting' der Wechselkurse führten. Die Kaufkraftparitäten als Richtschnur für die Entwicklung der realen Wechselkurse mußten unter diesen Umständen versagen.

Damit sind wir gezwungen, nach einer neuen Ordnung des Weltwährungssystems Ausschau zu halten. Eine Rückkehr zum monopolistischen System ist nicht denkbar, sei es allein darum, weil das relative Gewicht der USA erheblich gesunken ist. Ein multipolares System nach Art des Internationalen Währungsfonds (IWF) hingegen krankt an den mangelnden Konvergenzzwängen, nicht zuletzt weil die USA in dieser Konstellation in Europa kein ausreichendes Gegengewicht finden. Für Europa stellt sich damit eine doppelte Aufgabe: Zum einen muß es sein Interesse an Wertstabilität wahrnehmen können, zum anderen muß es seine eigene Währungsordnung gestalten. Dafür gibt es drei Gründe:

1) Der Verf. drückt hier seine eigenen Ansichten aus, die nicht notwendigerweise diejenigen der Kommission sind.

- Erstens bietet der größere europäische Rahmen den Mitgliedstaaten bessere Möglichkeiten, gesunde Währungsverhältnisse zu erreichen und nach außen abzusichern. Das gilt für die Stabilisierung des inländischen Preisniveaus der Mitgliedstaaten, das gilt aber auch für die Wechselkurse.
- Zweitens haben alle ein Interesse daran, für den europäischen Großraum auch im Geldwesen möglichst binnenmarktähnliche Verhältnisse zu schaffen.
- Drittens verbessert eine solche Entwicklung die Bedingungen für rationelle Allokation, höhere Investitionen und kräftiges Wachstum.

Das nationale Problem der Objektivierung der Geldversorgung kann also im europäischen Rahmen sehr viel besser gelöst werden. Nicht einmal im größten, unter einheitlicher Währung organisierten raumwirtschaftlichen Verbund, der Bundesrepublik, bestehen auf die Dauer tragfähige Voraussetzungen dafür, die innere u n d äußere Währungsstabilität im wünschenswerten Maße aufrechtzuerhalten. Andererseits kann die Bundesrepublik schon allein wegen ihres relativen Gewichts in Europa die Entwicklung der zukünftigen europäischen Währungsordnung wesentlich beeinflussen. Darin liegt ihr vitales Interesse an einer aktiven Mitwirkung am Prozeß der europäischen Währungsintegration.

(2) Die Bundesrepublik spielte im bisherigen Prozeß der europäischen Währungseinigung eine unerläßliche und positive Rolle.

Für Europa war es ein glücklicher Umstand, daß das größte unter einheitlicher Währung organisierte raumwirtschaftliche Potential, die Bundesrepublik, seit je eine Wirtschaftspolitik betreibt, die der Währungsstabilität als übergeordnetes Ziel verpflichtet ist. Im Zeichen des Verfalls des vorhergehenden Weltwährungssystems ist damit der D-Mark im europäischen Rahmen die Rolle einer Leitwährung zugewachsen. Auf Weltebene fehlt ihr dafür freilich die ausreichende Dimension. Die D-Mark hat sich ihrer europäischen Rolle bisher als gewachsen gezeigt. Mit ihrem spezifischen sozialen Konsens und angesichts der einmaligen, stabilitätspolitisch abgesicherten Konstruktion ihrer Geldverfassung hat die Bundesrepublik der Europäischen Gemeinschaft fortgesetzt ein unerläßliches Gut für die Integration geliefert: Währungsstabilität. Der Frage, wie sie ihre Leitwährungsfunktion in Europa in Zukunft wahrnehmen will, kann die Bundesrepublik nicht ausweichen. Grundsätzlich gibt es zwei Möglichkeiten:

- Zum einen könnte die Bundesrepublik auf die dauerhaften Stabilisierungszwänge der D-Mark als Leitwährung des Systems vertrauen, nicht zuletzt in der Hoffnung, daß die Vorteile stabilitätsbewußten Handelns bei allen Partnerländern dauerhaft internalisiert werden.
- Zum anderen könnte das Stabilitätsprinzip in einer - wie auch immer gearteten - europäischen Währungsordnung festgeschrieben werden.

(3) "Alle europäischen Länder, nicht zuletzt die Bundesrepublik, haben ein Interesse daran, der Tendenz entgegenzutreten, daß die D-Mark ... (auf die Dauer) europäische Leitwährung ... (bleibt)". [2]

Das Einschwenken der europäischen Partnerländer auf den deutschen Stabilitätskurs war zunächst weitgehend reaktiv und auf die Not des äußeren Anpassungszwanges zurückzuführen. In der Stabilisierungsphase hat sich jedoch bei Deutschlands wichtigsten europäischen Partnern immer mehr ein eigenständiges Interesse an der Stabilität entwickelt. So wurde der französische Wahlkampf von beiden großen politischen Gruppierungen nicht zuletzt auch mit dem Argument eines eigenständigen Interesses Frankreichs an der Geldwertstabilität geführt. Dies sind zwar bedeutende Fortschritte in der Entwicklung eines europäischen Stabilitätsbewußtseins; als übergeordnete Zielsetzung der Wirtschaftspolitik ist jedoch die Währungsstabilität noch nicht ausreichend ordnungspolitisch verankert. Zu sehr sehen einige europäische Länder immer noch nur die temporären Vorteile einer stabilen Währung. Mit schwindendem Stabilitätsgefälle dürfte sich ferner bei den europäischen Nachbarn angesichts der wachsenden Konvergenz die relative Attraktivität der Stabilität im Vergleich zu anderen volkswirtschaftlichen Zielen vermindern.

Als permanenter Ordnungsfaktor im Europäischen Währungssystem (EWS) ist die D-Mark auf Dauer heillos überfordert. Raumwirtschaftlich gesehen gibt es in Europa kein prädominantes homogenes Zentrum, vielmehr besteht das Zentrum aus mehreren großen Nationen. Zwar konnte sich die D-Mark in dieser Konstellation bisher als Leitwährung etablieren. Diese Rolle beruhte jedoch nicht zuletzt auf den dynamischen Wirkungen, die sich aus dem bisherigen Stabilisierungsgefälle zwischen der Bundesrepublik und ihren europäischen Nachbarn ergaben und die bei wachsender Konvergenz zunehmend an Wirksamkeit verlieren. Zudem mag zumindest einem dialektisch Denkenden auch eine Situation als möglich erscheinen, in der - nach fast vierzigjähriger 'Tugend' - sogar deutsche Prinzipientreue zunehmenden Anfechtungen erliegt, dies nicht zuletzt auch im Hinblick auf den deutschen 'Vergreisungsvorsprung'. Selbst in der optimistischen (Tugend-) Version dürfte sich schließlich im europäischen Zentrum in bezug auf die Währungsstabilität ein weitgehend instabiles Oligopol herausbilden. In einer solchen Situation mögen bei einem Wechsel des 'Preisführers' durchaus auch wieder kurzfristig gültige nationale Interessen in den Vordergrund treten.

Es bestehen also zumindest berechtigte Zweifel, ob die gegenwärtige Leitwährung genügend Kraft besitzt, um ihr Ordnungsprinzip über den Weg langjähriger

---

[2] Sachverständigenrat zur Begutachtung der gesamtwirtschaftlichen Entwicklung, Wachstum und Währung, Jahresgutachten 1978/79, Stuttgart u.a. 1978, Tz. 343.

guter Erfahrung bei den europäischen Nachbarn dauerhaft zu etablieren. Die Hegemoniallösung der europäischen Währungsintegration wird dann weniger wirksam.

(4) Zum gegenwärtigen Bewußtseinsstand in der europäischen Währungsintegration gehört, daß wichtige Grundzusammenhänge bisher nicht ausreichend geklärt wurden.

Dies gilt für Weg, Ziel, Zeithorizont, Instrumente, Institutionen und politische Voraussetzungen der Währungsintegration. Kennzeichnend für die allgemeine Situation ist, daß Präsident DELORS sechs Jahre nach dem Inkrafttreten des EWS und 15 Jahre nach dem Werner-Bericht eine Reihe von grundlegenden Fragen aufwerfen mußte. Offenbar empfand dies niemand als überflüssig.

Kennzeichnend für die p o l i t i s c h e Lage ist, daß weitreichende Beschlüsse - bereits kurz nach ihrer Verabschiedung - wieder in der Schublade verschwanden. Kennzeichnend für die w i s s e n s c h a f t l i c h e Diskussion ist, daß nicht einmal die verschiedenen Stufen des integrationspolitischen Vorgehens theoretisch (widerspruchsfrei) geklärt wurden. So wird beispielsweise in der Endphase der europäischen Währungsintegration eine dem Stabilitätsziel verpflichtete Zentralbank für unerläßlich gehalten, auf dem Weg dahin vertraut man aber völlig der höheren Einsicht der Politiker. Verständlicherweise überwog daher bisher der unausgesprochene Konsens des Abwartens. In dieser Situation müssen wesentliche Kräfte darauf konzentriert bleiben, vorwiegend Abwehrideologien zu produzieren. Oft bleibt es schwierig, dahinter die wahren Positionen zu erkennen. Das europäische Gemeinschaftsinteresse konnte sich unter diesen Umständen nur schwer kristallisieren.

(5) Dem potentialstärkenden Effekt der schon erreichten Währungsintegration könnte die europäische Währungspolitik unter Wahrung der Stabilität bereits voll Rechnung tragen. Dies beschleunigt den Abbau der Arbeitslosigkeit.

Noch zahlreiche Hindernisse sind zu überwinden, bis die europäische Währungsordnung dauerhaft errichtet werden kann. Auf diesem Wege hat sich die monetäre Konvergenz bereits erheblich verstärkt. Die Vorteile der schon erreichten Währungsintegration kommen allen zugute. So hat sich die Währungsunsicherheit in Europa im Zeichen immer längerer Perioden einer glaubwürdigen Stabilisierung der Wechselkurse stark vermindert, und enorme, erratische Schwankungen des Dollars gegenüber der European Currency Unit (ECU) konnten ohne größere Verwerfungen verkraftet werden. Das EWS hat also Industrie und Handel gefördert und das Wachstum gestärkt. Dank der Konvergenz im EWS genießen die Unternehmer bereits jetzt wesentliche Vorteile eines stringenten Währungsrahmens. Nicht zuletzt stabilisiert dies die Erwartungen. Die erhöhte Währungssicherheit in Europa stärkt also das Wachstum des Produktionspotentials und erlaubt einen schnelleren Abbau der Arbeitslosigkeit.

(6) Skepsis hinsichtlich der Tragfähigkeit der gemeinsamen Stabilitätsorientierung besteht so lange, wie das Problem der Staatsverschuldung nicht überzeugend gemeistert wird.

In den Mitgliedsländern der europäischen Währungsgemeinschaft hat die Staatsverschuldung ein sehr unterschiedliches Gewicht. Währungspolitisch haben hohe Staatsdefizite weitreichende negative Konsequenzen. Finanziert sich der Staat direkt bei der Notenbank, so kommt es unter Umständen zu schneller Inflationierung. Bleibt die Geldmenge unter Kontrolle, so kann zunehmendes crowding-out zu einem wachsenden politischen Druck auf die Zentralbank führen, dem sie auf die Dauer nur schwer gewachsen ist. Obwohl im Extremfall eine Geldregel genügt, um die innere Geldstabilität zu erhalten, ist also die Staatsverschuldung eng mit der Währungspolitik verbunden.

Währungsverfassungen, die der Zentralbankfinanzierung der Staatsdefizite nicht wirklich bindende Grenzen setzen, sind deswegen labil, selbst wenn eine Geldregel befolgt wird. Für die Währungsintegration ergibt sich hieraus: Die monetäre Konvergenz bleibt notwendigerweise gefährdet, solange die Staatsverschuldung in wichtigen Ländern nicht gemeistert ist. Auf nationaler Ebene sollte deshalb eine europäische Festigung der Geldpolitik mit Fortschritten in der Kontrolle der Staatsverschuldung verbunden sein.

(7) Zwischen den europäischen Ländern erschwert die Last sehr unterschiedlicher Verschuldungsstrukturen die dauerhafte Festsetzung von Gleichgewichtswechselkursen.

Im Zuge einer sehr unterschiedlichen Wirtschaftspolitik und angesichts heterogener Stabilisierungsstrategien haben die Mitgliedsländer der Gemeinschaft in der Vergangenheit eine höchst heterogene fiskalpolitische Linie verfolgt. Verschuldete sich der Staat im Inland, so war dies längerfristig nur dann ohne negative Folgen für das Wachstum des Produktionspotentials, wenn die Mittel für produktive Zwecke verwendet wurden. Verschuldete sich der Staat im Ausland, so muß dies letztlich durch einen höheren Leistungsbilanzüberschuß wieder abgetragen werden. Damit dies möglich ist, muß ein Land wettbewerbsfähig bleiben. Nur bei entsprechend flexiblen Löhnen und Preisen wäre es unter diesen Umständen möglich, dauerhaft auf Wechselkursänderungen zu verzichten.

(8) Ein wichtiges Hindernis für die realitätsbezogene Diskussion der Probleme einer europäischen Währungsintegration ist, daß dabei das Regionalproblem nicht klar erkannt wird.

Prozesse der räumlichen Konzentration und damit der interregionalen Differenzierung sind eine immanente Erscheinung des Wachstumsprozesses. Dabei sorgt der marktwirtschaftliche Prozeß keinesfalls von selbst für eine optimale Allokation im Raume. Der wirtschaftliche Großraum der Gemeinschaft weist damit erhebliche regionale Entwicklungsunterschiede auf. Sie sind das Ergebnis eines langen, regional sehr differenzierten Wachstumsprozesses. Hierfür gibt es viele Gründe. Zu nennen sind insbesondere die unterschiedliche Faktorausstattung der Regionen, die Perpetuierung und Verstärkung historischer Zufälligkeiten im regionalen Entwicklungsprozeß und die jeweilige Anziehungskraft eines bereits geschaffenen Standortvorteils. So haben schon etablierte Industrien gegenüber zu errichtenden oft den Vorteil, bereits im Bereich der Kostendegression zu arbeiten und über einen großen Absatzradius zu verfügen. Neugründungen in den - oft peripheren - Entwicklungsregionen können deshalb kaum eine ausreichende Anfangsrentabilität erwarten. Daß es hierzu kommt, liegt auch wesentlich daran, daß die regionalen Lohndifferenzen oft nicht den regionalen Produktivitätsdifferenzen entsprechen. In den zu entwickelnden Regionen ist daher der Lohnkostendruck zu hoch und zwar selbst dann, wenn die Löhne niedriger sind als im Zentrum. Arbeitskräfte wandern ab. Solche Wanderungen sind meist selektiv; zurück bleibt eine negative Auswahl. Auch das Kapital fließt weitgehend in die stärker entwickelten Regionen mit höherer Rentabilität. Zudem hat das große Ausmaß der Selbstfinanzierung zur Folge, daß Anschlußinvestitionen eher in den bereits entwickelten Regionen getätigt werden.

Bei solch unausgewogenen Rahmenbedingungen führt der interregionale Freihandel oft zu kumulativen räumlichen Prozessen, die sich immer weiter von der gesellschaftlich erwünschten Allokation entfernen. Solange solche Bedingungen fortbestehen, werden sich im räumlichen Entwicklungsprozeß kaum ausreichend starke Gegenkräfte entwickeln, die seinen kumulativen Charakter umkehren.

Soll dies erreicht werden, sind ganz erhebliche und vielfältige Umstellungen erforderlich. Hierzu gehört, daß sich die regionalen Lohndifferenzen möglichst bald den regionalen Produktivitätsdifferenzen anpassen und eventuell sogar über sie hinausgehen. Allein schon hierdurch würde eine wesentliche Triebfeder zur verstärkten regionalen Disparität entfallen. Dies würde jedoch noch nicht die unterschiedliche wirtschaftliche Tragfähigkeit der Entwicklungsgebiete (z.B. Infrastruktur) verbessern. Hierfür müßten darüber hinaus ein beachtlicher interregionaler Finanzausgleich und eine aktive Regionalpolitik eingesetzt werden.

Würde die Einheitswährung bald verwirklicht, so würden die regionalen Divergenzen in dem unter einheitlicher Währung organisierten größeren Wirtschaftsraum sich eher noch weiter verstärken. Damit müßten interregionale Lohndifferenzen,

Finanzausgleich und Regionalpolitik ein solches Ausmaß annehmen, wie es unter den absehbaren gesellschaftlichen und politischen Verhältnissen in den Mitgliedstaaten praktisch nicht durchsetzbar wäre. Auf diese Konsequenz hat bereits GIERSCH hingewiesen, als er feststellte, daß eine Einheitswährung zumindest eine 'Balkanisierung' der Lohnpolitik bedingt.

Es ist deshalb auch nicht verwunderlich, daß bei programmatischen Diskussionen über die Währungsintegration das Regionalproblem zwar meist erwähnt wird, aber nur, um es anschließend gleich wieder zu verdrängen. Dies hängt sicher damit zusammen, daß auf der instrumentalen Ebene die Steuerung des Regionalproblems durch Lohndifferenzierung, Finanzausgleich und Regionalpolitik kaum zu meistern ist. In der Tat, je schneller die Entwicklung in Richtung Einheitswährung geht, desto größer ist der Bedarf an interregionaler Lohndifferenz und kompensatorischer Regionalpolitik.

(9) Eine volle Erkenntnis des Regionalproblems läßt beim gegenwärtigen Stand der europäischen Integration die Einheitswährung als praktisches Instrument der Währungsvereinheitlichung als besonders fragwürdig erscheinen.

In der jüngeren Vergangenheit hat sich eine weitreichende Wechselkursstabilität, die in den Hochinflationsländern mit einer temporären Überbewertung einherging, als besonders wirksames Instrument der Stabilisierung erwiesen. Nachdem die makroökonomische Stabilität im EWS nun besser gewährleistet ist, tritt das regionale Anpassungsproblem erneut stark ins Licht. Eine europäische Einheitswährung stellt die Gemeinschaft vor das Dilemma, entweder die innereuropäischen Löhne ausreichend zu differenzieren und/oder große regionalpolitische Anstrengungen zu unternehmen. Beide Erfordernisse zeichnen sich nicht ab.

Die Gemeinschaft kann also in der übersehbaren Zukunft schwer auf Wechselkursveränderungen zum Ausgleich unterschiedlicher regionaler Entwicklungen verzichten. Eine Währungsintegrationsstrategie, die verfrüht die Einheitswährung verwirklichen würde, erweist sich damit als gefährlich. Ein realistischer und auf lange Sicht gangbarer Weg der europäischen Währungsintegration ist vielmehr, das gegenwärtige System fester, aber anpassungsfähiger Wechselkurse als europäisches Ordnungssystem der raumwirtschaftlichen Anpassung weiter auszubauen. Die monetäre globale Stabilität des Systems kann dabei in der Übergangszeit durch das Verhalten der Leitwährung abgesichert werden.

Die Trennung von vielen Illusionen in der europäischen Währungsintegration sollte dazu Anlaß geben, eine Politik des Möglichen zu betreiben. Dies heißt, so viel monetäre Sicherheit wie möglich, aber gleichzeitig so viel regionale Flexibilität wie nötig. Damit ist dem Prozeß der europäischen Währungsintegration ein realistisches und operables volkswirtschafliches Ziel vorgegeben. Es sollte an die Stelle der bis auf weiteres institutionell kaum realisierbaren Vorstellungen treten.

(10) Der Weg der Kommission in der europäischen Währungsintegration ist pragmatisch gangbar. Ihr Bestreben, die ECU weiter zu entwickeln, fördert die Kapitalmobilität und beschleunigt die finanzielle Integration.

In seiner jetzigen Form ist das EWS ein System, das die Fortschritte auf dem Wege zur europäischen Integration getreu widerspiegelt. Es hat eine erhebliche Elastizität, läßt aber die nationalen Souveränitäten auf geldpolitischem Gebiet unangetastet.

Freilich gilt: Statt den Embryo einer künftigen europäischen Währungsordnung darzustellen, reflektiert die Korb-ECU die komplexen Ergebnisse der gegenwärtigen nationalen Geldordnungen in der EG, die zu einer noch kohärenteren Ordnung zusammengefügt werden müßten. Die Bedeutung der Korb-ECU beruht hauptsächlich darauf, daß sie den finanziellen Integrationsprozeß vorantreibt. Man wird ihr nur dann gerecht, wenn man das Hauptgewicht auf die 'Übergangsprobleme' zur Währungsunion legt. In dieser Hinsicht erfüllt die ECU zahlreiche Funktionen.

Zunächst einmal konnten dank der ECU die Transaktionskosten vermindert werden, die die Verwendung einer etwaigen künftigen europäischen Parallelwährung belasten. Den Märkten wird nämlich eine Rechnungseinheit angeboten, die einem Denominierungsbedarf bei den finanziellen Aktiva entspricht. Die ECU baut also nach und nach eine Nachfragekomponente zu einer etwaigen europäischen Parallelwährung auf. Freilich stehen wir damit am Anfang eines langen Weges und freilich umfaßt die 'Geldnachfrage' mehrere Komponenten; dazu gehört auch die Nachfrage aus Drittländern nach internationalen Reserven. Hier zeigen sich Ansätze zu einer Umstrukturierung des derzeitigen internationalen Währungssystems in eine oligopolitische Ordnung.

Sodann verfügen die Märkte mit der ECU über ein Istrument, mit dem sie sich vor den unvermeidlichen Wechselkursrisiken schützen können. Die Koordinierung der souveränen Währungspolitiken der einzelnen Staaten im EWS kann in der Praxis gar nicht so vollkommen sein, daß sich auf längere Sicht - schon allein wegen des Regionalproblems - kein Anpassungsbedarf bei den Wechselkursen ergäbe. Die Realisten freuen sich folglich darüber, daß die Märkte ein Mittel gefunden haben, mit dem das Unvermeidliche abgemildert, d.h. der Prozeß zufriedenstellender gestaltet werden kann.

Schließlich führt die wachsende Verwendung der ECU zudem noch zu einer stärkeren Verknüpfung der europäischen Finanzmärkte; sie beschleunigt also die finanzielle Integration. Immer häufiger hört man, daß sie als Fakturierungseinheit benutzt wird, insbesondere in Italien, aber auch zunehmend in Frankreich. Die Euro-Bankstatistiken lassen auch erkennen, daß die ECU mehr verwendet wird als jede andere Währung - mit Ausnahme der DM, des SF und natürlich des Dollars. Auf den ECU-Märkten können Operationen vorgenommen werden (z.B. Termingeschäfte), die auf kleineren nationalen Märkten nicht möglich sind. Bevor es eine ECU gab, wurden viele solcher Geschäfte in Dollar abgewickelt. Nun können sich die europäischen Finanzmärkte dank einem europäischen Instrument vertiefen. In der Tat ist festzustellen: Gäbe es keine ECU, dann müßte man sie erfinden!

VORSITZENDER

Vielen Dank, Herr Dr. MATTHES, daß Sie uns eine etwas optimistischere Version der monetären Integration mit positiven Zukunftsaussichten eröffnet haben. Nach einer kurzen Pause folgt die Diskussion, die Herr Prof. BESTERS leiten wird.

Diskussion

(Leitung: Hans Besters)

HANS BESTERS

Gestern stand die güterwirtschaftliche Integration, der Gemeinsame Markt im Mittelpunkt unserer Tagung; in den beiden heutigen Vorträgen ging es um das Pendant, die monetäre Integration mit Blick auf eine Währungsunion. In der gestrigen Aussprache klang bereits an, daß wohl das wichtigste Hindernis für die weitere Integration die monetäre Souveränität der Nationalstaaten ist, die mit allen Mitteln verteidigt wird. Herr MÖLLER, unser langjähriges Vorstandsmitglied, hat schon sehr früh auf dieses Problem aufmerksam gemacht. Offensichtlich sind die ungeliebten Zwänge, die mit dem Verzicht auf monetäre Souveränität verbunden sind, noch heute das zentrale Problem. Insofern sind kaum Fortschritte erzielt worden - trotz des vielversprechenden Programms der Europäischen Wirtschafts- und Währungsunion auf dem Haager Gipfel vom Dezember 1969 und des im März 1979 verwirklichten Europäischen Währungssystems. Wie es weitergehen könnte oder sollte, ist in beiden Vorträgen angesprochen worden. Dazu möchte ich im einzelnen nicht Stellung nehmen, sondern vielmehr die Diskussion eröffnen. Als erster hat sich Herr SCHAAL zu Wort gemeldet.

PETER SCHAAL

Ich darf an ein im Vortrag von Herrn MATTHES angesprochenes Problem anknüpfen. Er sagte, daß die D-Mark im europäischen Verbund die dominierende Währung sei und voraussichtlich auch in Zukunft bleiben werde. Er wies auch darauf hin, daß die D-Mark im internationalen Kontext keine besondere Rolle spiele und daher nicht so wichtig sei.

Ich glaube, daß man diese Aussage etwas relativieren muß, wenn man bedenkt, daß immerhin im letzten Jahrzehnt zwischen 12 v.H. und 16 v.H. (Ende 1984 12,2 v.H.) aller Devisenreserven von den Zentralbanken der Welt in D-Mark gehalten wurden und auch auf den Euro-Märkten die D-Mark als zweitwichtigste Währung nach dem US-Dollar eine ganz erhebliche Rolle spielt, selbst wenn dort seit 1981 ihre internationale Bedeutung durch die zunehmende Verwendung von ECU etwas zurückgedrängt sein mag. Ein Problem für die europäische monetäre Integration sehe ich in der Währungssubstitution zwischen den drei dominierenden Währungen der Welt, nämlich dem US-Dollar, dem Yen und der D-Mark. Nach den Maßnahmen zur Liberalisierung des Geld- und Kapitalverkehrs durch die Bank of Japan Ende vergangenen Jahres beginnt nun der Yen als die kleinste dieser drei Währungen an internationaler Bedeutung, auch im Rahmen der Währungssubstitution, zu gewinnen. In der EG haben in der Vergangenheit Währungssubstitutionen zwischen diesen drei Währungen in erheblichem Umfang stattgefunden, die durch ökonomische Ursachen oder von politischen Ereignissen ausgelöst wurden.

Herr MATTHES hat mit Recht darauf hingewiesen, daß es in der Vergangenheit im EWS immer gelungen ist, solche durch Währungssubstitution ausgelöste internationale Geldströme zu neutralisieren. Aber ich meine, daß es aus diesem Grunde im Gebälk des EWS schon geknackt hat, weil die europäischen Zentralbanken, besonders aber die Deutsche Bundesbank, mit Milliardenbeträgen intervenieren mußten, um das Wechselkursgefüge des EWS zu verteidigen, wodurch die monetäre Stabilität zumindest gefährdet wurde.

Ich möchte nun an ihn die Frage richten, wie er die Möglichkeit beurteilt, künftig nicht auszuschließende, abrupte und umfangreiche Währungssubstitutionen zwischen diesen drei großen Währungen (US-Dollar, Yen und D-Mark) zu neutralisieren, ohne daß es zu Schwierigkeiten im EWS und einem Verlust an monetärer Stabilität kommt.

HEINRICH MATTHES

Ich binn völlig mit Prof. SCHAAL einverstanden: Die D-Mark ist die drittwichtigste Reservewährung der Welt: Ungefähr 14 v.H. der Währungsreserven in der Welt sind in D-Mark angelegt, allerdings 70 v.H. in Dollar, der Rest in Pfund, Yen und Schweizer Franken. Unter den kleineren Reservewährungen hat die D-Mark einen eindeutigen Vorsprung; das ist eine Tatsache, die auch zur 'normativen Kraft des Faktischen' gehört. Aber - und hier sehe ich die Dinge wohl differenzierter - die D-Mark ist in keiner Weise von ihrer Tragfähigkeit her in der Lage, auf die Dauer die Rolle der europäischen Reservewährung zu spielen; da ist sie vom ökonomischen Potential her überfordert; das war meine These. Ich habe auch gesagt, daß man nicht ohne weiteres davon ausgehen kann, daß die D-Mark auf Dauer - in der Vergangenheit und in absehbarer Zukunft - in der Rolle der europäischen Leitwährung gewissermaßen fixiert ist. Die Qualität der europäischen Leitwährung ist sozusagen keine 'geborene', sondern eine 'gekorene' Eigenschaft der D-Mark. Der deutsche Lösungspunkt des 'magischen Vierecks' (mit seinem übergeordneten Rang der Geldwertstabilität) - darauf habe ich in meinen Thesen hingewiesen - ist in Deutschlands Nachbarländern in keiner vergleichbaren Weise gleichsam 'konstitutionell' verankert. So lange alle Länder unbedingt stabilisieren mußten - dazu gab es zu Beginn der 80er Jahre keine Alternative - war der deutsche 'Lösungspunkt' zeitweilig internalisiert. Dies ist die Geschichte der Jahre 1983-86, die große Erfolgsstory des EWS. In dem Moment, wo alle wieder mehr oder weniger stabil sind - und er kommt möglicherweise schneller als man denkt - wird jedoch das 'Kartell der Tugend' instabil. Dann mögen hier und dort durchaus wieder alte Phillips-Kurven-trade-off-Ideen auf den Plan gerufen werden. Sofern dann aber die Kapitalmarktliberalisierung wesentlich vorangeschritten wäre, könnte dies die Währungssubstitution erheblich verstärken. Dann gäbe es auch für die Bundesrepublik eine neue Interessenlage an einer strikteren monetären Koordination: Ein europäisches Geldmengenziel und alles, was daran hängt, wäre dann vielleicht auch für die Bundesrepublik interessant.

Was nun die ganz konkrete Frage nach der b i s h e r i g e n Währungssubstitution betrifft, so muß man feststellen, daß sich die entsprechenden Befürchtungen einstweilen kaum bewahrheitet haben. Bisher hielt sich die Flucht in die D-Mark in engen Grenzen, die sich währungspolitisch für die D-Mark durchaus als 'manageable' erwiesen. Die Währungssubstitution verlief also bisher viel moderater, als es Pessimisten befürchtet hatten. Allerdings wird ja jetzt die ECU nach einem Realignment, angesichts ihres Zinsvorsprunges und angesichts bis auf weiteres kaum gegebener Auf- oder Abwertungserwartungen, als Anlagemedium zunehmend interessant. Würde man also jetzt in der Liberalisierung des Kapitalverkehrs vorankommen, so würde die ECU als Reservemedium, wenn ich es einmal so nennen darf, für die Märkte noch attraktiver. Unter diesen Umständen könnte ich mir vorstellen, daß sich die Dimensionen der ECU als 'Reservewährung' aus der privaten ECU ohne weiteres Zutun gleichsam durch die Kraft der Märkte immer mehr entwickelt. Dies würde auch dazu beitragen, die D-Mark dann in ihrer gewiß wenig beneidenswerten Rolle der Ersatzreservewährung zu entlasten.

FERDINAND HAIN

Die These, daß der Liberalisierung des Waren- und Dienstleistungsverkehrs eine angemessene Freizügigkeit des Kapitalverkehrs entsprechen muß, ist, so glaube ich, richtig. In der Wirklichkeit bietet sich freilich ein anderes Bild. Während die Freizügigkeit im Warenverkehr schon in den 50er Jahren erreicht worden ist, zumindest was Zölle und mengenmäßige Beschränkungen betrifft, ist es im Dienstleistungsverkehr noch nicht soweit, beispielsweise wenn man die Beschränkungen des Reiseverkehrs bedenkt, die heute fast überall existieren. Aber noch düsterer ist das Bild im Kapitalverkehr.

Nun gibt es in Europa zwei grundlegende Vorschriftengruppen: Das sind der Liberalisierungskodex der OECD für den Kapitalverkehr und in der EG die beiden Richtlinien zu Artikel 67 des Vertrages von Rom. Wenn man den Inhalt der beiden Richtlinien addiert, kommt man zu einem Liberalisierungsstand, der unter demjenigen des vom OECD-Kodex geforderten liegt, was begreiflich ist, denn der hat seine jetzige Gestalt im Jahre 1964 erhalten, während die beiden Richtlinien der Gemeinschaft aus den Jahren 1960 und 1961 stammen. Gegenwärtig sind in der OECD Bestrebungen im Gange, dem etwas beunruhigenden Ausmaß an außerbilanzmäßigen Transaktionen mit Wertpapieren und anderen Portefeuille-Geschäften, die man unter dem Sammelbegriff 'Innovation' zusammenfaßt, auf den Grund zu gehen und auch diese Geschäfte in die Liberalisierung einzubinden.

Meine erste Frage richtet sich an Herrn MATTHES und ist folgende: Hat die EG-Kommission die Absicht, in der Liberalisierung des Kapitalverkehrs weiter zu gehen, besonders im Hinblick auf die von mir skizzierten Bemühungen in der OECD?

Meine zweite Frage hängt mit der ersten zusammen. Wenn man sich den Liberalisierungsgrad des Kapitalverkehrs in den Industriestaaten vergegenwärtigt, findet man, daß mit zwei Ausnahmen - nämlich dem Vereinigten Königreich und der Bundesrepublik - alle Staaten einen gewissen Bestand an Kapitalverkehrsvorschriften (oder wenn Sie wollen: Kapitalverkehrskontrollen) aufrecht erhalten und damit begründen, daß es sich um ein Instrument der Währungspolitik handelt. Das betrifft nicht nur die skandinavischen Länder, wo diese Praxis schon sehr früh eingerissen ist, sondern auch andere Staaten. Ich hätte gerne gewußt, was die grundlegende Ideologie des Artikels 67 ist. Soll es die vollkommene Freizügigkeit des Kapitalverkehrs in der Gemeinschaft sein, oder könnte auch ein harter Kern von Kapitalverkehrskontrollen als Instrument monetärer Politik anerkannt werden? Wenn man diese Frage dem OECD-Sekretariat stellt, bekommt man zur Antwort: Wenn ihr das glaubt, dann hättet ihr den Kodex nicht unterschreiben dürfen. Ich wäre also sehr interessiert zu erfahren, wie in der Gemeinschaft darüber gedacht wird; ich glaube, dies ist eine Frage an Prof. KLOTEN.

NORBERT KLOTEN

Die Fragen richten sich wohl in erster Linie an Herrn MATTHES. Was mich angeht, so habe ich meine Meinung schon klar zum Ausdruck gebracht. Für mich kann es im angedeuteten Sinne keinen eingeschränkten Kapitalverkehr geben, denn man hätte sich ja dann zu fragen, welche Kapitalverkehrsbeschränkungen in Orientierung an der von Ihnen für möglich gehaltenen Interpretation von Bestimmungen im EWG-Vertrag sinnvoll sind und welche nicht. Man müßte also die bestehenden und die denkbaren Formen einer Beschränkung des Kapitalverkehrs im einzelnen auf die mit ihnen verbundenen Wirkungen prüfen, auch in bezug auf die Beschneidung der Spielräume für die nationale Wirtschaftspolitik. Ich bin sicher, daß man schon sehr bald in ein tiefes Wasser kommen würde mit dem Ergebnis, daß es sich als nicht möglich erweist, zwischen sinnvollen - zumindest tolerierbaren - und abzulehnenden Formen von Kapitalverkehrsbeschränkungen zu unterscheiden. Ist dem so, so hat man sich uneingeschränkt für Freizügigkeit auf den Geld- und Kapitalmärkten auszusprechen. Das schließt nicht aus, daß gegebenenfalls und nur vorübergehend partielle Beschränkungen als Ausdruck pragmatischen Handelns vorgesehen werden, doch sie wären dann allemal als ein Abweichen vom vorgezeichneten Wege zu beurteilen.

HEINRICH MATTHES

Ich glaube, daß bei der Liberalisierung der Kapitalbewegungen Fortschritte erzielt werden müssen, wenn wir in der europäischen Währungsintegration vorankommen wollen. In dieser Überzeugung besteht diesseits und jenseits der Linie, wenn ich das einmal so sagen darf, also bei Ihnen im Saal und in der Kommission kein Unterschied. Herr DELORS hat am 20.2.86 vor dem Europäischen Parlament hierzu die Frage gestellt, was eigentlich die wirklichen Grundbedingungen eines europäischen Währungssystems seien. Nach seiner Meinung gibt es in dieser Hinsicht nur ein 'Préalable' (eine Grundbedingung), nämlich die Liberalisierung des Kapitalverkehrs, und er hat hinzugefügt, daß die Währungsintegration durch weitere entscheidende Fortschritte in der Liberalisierung des Kapitalverkehrs vorangetrieben werden müßte. In diesem Zusammenhang hat er davon gesprochen, daß Freihandel, freier Kapitalverkehr, feste, aber anpassungsfähige Wechselkurse und relative Autonomie der nationalen Wirtschaftspolitik in einem Verhältnis zueinander stünden, die dem eines magischen Vierecks entsprächen - mit anderen Worten: Diese vier Ziele sind nicht widerspruchsfrei miteinander zu vereinbaren. Es kann also niemand behaupten, daß die Dinge in der Kommission nicht im ganzen Ernst und in der ganzen Tragweite gesehen werden. Die Kommission ist dabei, dem Währungsausschuß in dieser Hinsicht neue Vorschläge vorzulegen, und ich glaube, daß wir in den nächsten Jahren die Arbeit der Kommission in dieser Richtung ganz entscheidend konzentrieren werden, also auf Fortschritte in der Liberalisierung des Kapitalverkehrs. Über die Liberalisierung des Kapitalverkehrs, daß er also zu den Grundvoraussetzungen einer effizienten Ressourcen-Allokation gehört und daß er ein unerläßliches marktwirtschaftliches Korrektiv darstellt (also freier Kapitalverkehr als marktwirtschaftliches Disziplinierungsinstrument), in dieser ordnungspolitischen Sicht der Dinge, wie sie bisher in dieser Klarheit eigentlich nur in der Bundesrepublik vertreten wurde, gibt es auch zunehmende Konvergenzfortschritte.

WERNER STEUER

Ich habe den Eindruck, daß die Diskussion über die europäische Währungsintegration in die falsche Richtung geht. Sie geht von der Vorstellung aus, die Fluktuation der Wechselkurse beeinträchtige die wirtschaftliche Integration. Wir haben auch soeben in dem Vortrag von Herrn MATTHES wieder gehört, das Floating habe sich nicht bewährt, es habe spekulative Fluktuationen und 'überschießende' Wechselkursbewegungen hervorgerufen. Diese Verurteilung bildet dann die Basis für die Forderung, doch Ausschau nach einem anderen, einem besseren Währungssystem zu halten.

Ich kann mir weder diese Analyse noch diese Schlußfolgerung zu eigen machen. Die Fluktuationen freier Wechselkurse rechtfertigen nicht die Notwendigkeit einer Fixierung der Wechselkurse und erst recht nicht die Forderung nach einer gemeinsamen Währung. Bevor man so weitgehende Konsequenzen zieht, muß man viel gründlicher über den ersten Schritt nachdenken: Ist es denn in der Tat so, daß ein System freier Wechselkurse funktionslose Bewegungen schafft und damit der wirtschaftlichen Integration im Wege steht? Ich für meinen Teil habe keine Schwierigkeiten, den - zugegeben - zeitweise heftigen Fluktuationen der Wechselkurse ökonomischen Sinn zu geben. Man denke nur an die - doch ebenfalls kräftige - Fluktuation der Zins- und Inflationsraten!

In der Integrationspolitik vertrauen wir dem Prinzip des Wettbewerbs: Der Wettbewerb von Gütern und Dienstleistungen soll zu einem Gemeinsamen Markt führen. Ich frage mich, ob wir dieses Prinzip nicht auch im monetären Bereich walten lassen können. Ist es eine so schlechte Idee, den Wettbewerb der Währungen wirksam werden zu lassen? Wir freuen uns über die Konvergenzfortschritte in der Europäischen Gemeinschaft. Sie sind aber nicht das Ergebnis institutioneller Integrationsbemühungen, sondern vielmehr das Ergebnis miteinander konkurrierender wirtschafts- und stabilitätspolitischer Strategien. Denn um den gesamtwirtschaftlichen Zielen näher zu kommen, sahen sich selbst Länder mit traditionell expansionistischer Politik gehalten, ihrem wirtschaftspolitischen Credo Adieu zu sagen und mehr Stabilitätspolitik zu machen. (Großbritannien und zuletzt Frankreich sind dafür die eindrucksvollsten Beispiele.)

Es ist also offenbar kein so schlechtes Prinzip, an nationalen Währungen und nationaler Währungspolitik festzuhalten und die Währungen, durch flexible Wechselkurse untereinander verbunden, miteinander in Wettbewerb treten zu lassen. Worauf es für die wirtschaftliche Integration ankommt, ist nicht, daß die Wechselkurse unverändert bleiben. Vielmehr kommt es darauf an, die beiden zentralen Funktionen einer Währung - die des Zahlungs- und des Wertaufbewahrungsmittels - zu sichern. Beide Funktionen sind dann gesichert, wenn alle Währungen gleichermaßen konvertibel und stabil sind. Werden diese beiden Gebote beachtet, dann hat die Währungspolitik ihren Beitrag zur Integration geleistet.

HANS BESTERS

Herr MATTHES, darf ich die Frage noch etwas stärker pointieren: Ist nicht der Disziplinierungszwang frei schwankender Wechselkurse mindestens ebenso groß, wenn nicht größer als der fester Wechselkurse, wenn man z.B. die Kapitalflucht als Folge zunehmender Wechselkursverschlechterung berücksichtigt? Von wissenschaftlicher Seite kann ich Ihre Position sowieso nicht teilen, nämlich daß die Wirtschaftstheorie versagt habe, weil sie die Folgen der Wechselkursfreigabe nicht gesehen oder falsch eingeschätzt hätte. Das sog. overshooting, auf das die heutige Kritik vornehmlich abstellt, ist monetär verursacht und geht auf die laxe Geld- und Finanzpolitik zurück. Es hat aber auch im klassischen Goldstandard - selbst bei spielregelgerechtem Verhalten - eine Rolle gespielt, worüber die sog. Zweistromtheorie des Goldes Auskunft gibt (Goldverlust führte zur Zahlungsbilanzumkehr, die das abgegebene Gold wieder zurückholte). Das können Sie etwa bei HABERLER (1933) oder bei IVERSEN (1935) nachlesen. Beide Autoren sehen übrigens den Zahlungsbilanzausgleich auch in der wechselseitigen Ergänzung deren beider Teilbilanzen - Realleistungen in der Leistungsbilanz und monetäre Transaktionen in der Kapitalbilanz. Nur so kommt der marktbestimmte Zahlungsbilanzausgleich zustande.

HEINRICH MATTHES

Zunächst zu Herrn STEUER und Prof. BESTERS: Ich glaube, daß doch wohl kein verantwortlicher Wirtschaftspolitiker bisher das uneingeschränkte Prinzip flexibler Wechselkurse in Europa für erstrebenswert gehalten hat. In der Tat gab es ein solches System auch niemals. Wir hatten zunächst die europäische Schlange. In diesem System war die D-Mark ziemlich dominant. Wenn Sie so wollen, war das Klein-Bretton-Woods, d.h. ein dominantes Zentrum mit seinen von ihm durch intensive Außenhandelsverflechtungen mehr oder weniger abhängigen Volkswirtschaften. Solche Volkswirtschaften betreiben keine eigene Geldpolitik, sondern ihre Geldpolitik besteht darin, den Wechselkurs zu der für sie dominanten Ökonomie stabil zu halten. Dann hatten wir verschiedene Versuche der raumwirtschaftlich etwas autarkeren Volkswirtschaften (also vor allen Dingen der Franzosen), sich der Währungsschlange anzuschließen. Die Franzosen taten dies überwiegend in der Meinung, daß es auch für sie vorteilhaft wäre, einen 'Festkursblock Europa' zu gestalten und ihm angeschlossen zu sein, um sich so im europäischen Binnenmarktaspekt gegenüber den Fluktuationen flexibler Wechselkurse abzuschotten. Damit war Europa besser in der Lage, die Kapriolen des 'benign neglect' zu überstehen, weil damit dem Hegemon ein raumwirtschaftlich vergleichbares Potential entgegengesetzt wurde, das im Hinblick auf den europäischen Binnenmarkt als Festkursblock organisiert war.

Insofern kann ich also der Grundthese von Herrn STEUER und von Prof. BESTERS nicht zustimmen, daß unbeschränkt flexible Wechselkurse für jedes regionale Wirtschaftsgebilde das bestmögliche Ordnungsprinzip sind. Es gibt zweifellos so etwas wie optimale Währungsräume, und die alte europäische Währungsschlange kam sicherlich einem optimalen Währungsraum nahe. Eine Währungszone, die im wesentlichen den europäischen Kern umfaßt, also Deutschland, Frankreich, Italien (wahrscheinlich raumwirtschaftlich gesehen nur bis zur Mezzogiorno-Linie) und England, kommt sicherlich einer optimalen Währungszone noch näher, vor allem, wenn darin noch wichtige periphere Gebiete (Belgien, Holland, Dänemark, Irland) einbezogen sind. Was charakterisiert eine optimale Währungszone? In ihr gibt es maximale Aufschließungseffekte des substitutiven, dem Gesetz der komparativen Kosten gehorchenden Handels (des sog. Kernbinnenhandels). Dadurch kann die Spezialisierung zwischen gleichartig strukturierten Volkswirtschaften vorangetrieben werden, und die Volkswirtschaften kommen (in der Sprache von HABERLER) auf eine höhere Transformationskurve; es gibt also erhebliche Wohlfahrts- und Wachstumseffekte. Das alles kann man m.E. kaum bestreiten. Im übrigen bin ich völlig der Ansicht beider Vorredner, daß die Blockflexibilität das wahrscheinlich einzige Mittel ist, sich wirksam vom Hegemon und seinen wechselnden Einsichten in das, was jeweils für den 'Rest der Welt' gut ist, abzuschotten.

MANFRED CASPARI

Ich hatte meinen Finger gehoben, als die Diskussion über den Kapitalmarkt und die Kapitalmarktbeschränkungen lief. Ich wollte darauf hinweisen, daß mit der Vertragsreform in dem neuen Programmartikel für den Binnenmarkt die Freiheit für den Warenverkehr und die Freiheit für den Kapitalverkehr gleichgeschaltet worden sind. Diese Herstellung der Gleichrangigkeit liegt, glaube ich, genau im Sinne der Ausführungen von Prof. KLOTEN. Sie muß jetzt Leitlinie des Handelns der Gemeinschaftsinstitutionen sein.

HELMUT SCHLESINGER

Meine erste Frage geht an Herrn MATTHES, die zweite Frage geht an beide Referenten.

Was den Schluß der Ausführungen von Herrn MATTHES betrifft, so verstehe ich natürlich, daß er mit großem Wohlwollen hier über das Kind gesprochen hat, dessen Namen wir alle nicht so genau kennen: Heißt es der 'ECU' oder der 'Ekju' oder die 'ECU'. Herr MATTHES sagte, durch die Einschaltung der ECU würden die Transaktionskosten gesenkt. Zwischen D-Mark und Franken oder zwischen Lira und D-Mark besteht natürlich ein Wechselkursrisiko. Und wenn ich ein

Zwischenglied einschalte, dann kann ich zwar dieses Wechselkursrisiko etwas anders verteilen, aber dadurch wird es m.E. nicht geringer und der Warenaustausch nicht billiger. Die Frage ist, wie man hier reagieren soll. Wenn ein deutscher Exporteur in D-Mark fakturiert, hat er kein Wechselkursrisiko, und der französische Importeur hat das Wechselkursrisiko Franc gegenüber D-Mark. Wenn nun in ECU fakturiert wird, dann hat der deutsche Exporteur das Wechselkursrisiko von D-Mark zu ECU, denn die ECU wird - nach aller Erfahrung - irgendwie gegenüber der D-Mark abwerten, und der Franzose hat das kleinere Wechselkursrisiko von Franc gegenüber ECU. Der deutsche Unternehmer, der vorher kein Wechselkursrisiko hatte, hat jetzt eins und muß es absichern: Er wird also seinen Preis erhöhen, und der französische Importeur wird einen etwas höheren Warenpreis bezahlen müssen, hat dafür aber ein geringeres Wechselkursrisiko. Wo bleibt da die Verringerung der Transaktionskosten? Die kann es m.E. nur für diejenigen geben, die das Wechselkursrisiko entweder nicht richtig berechnen oder ohne Kurssicherung dieses Risiko negieren.

Mein zweiter Punkt betrifft beide Referenten: das Stadium zwischen der gegenwärtigen Situation, dem, was wir im EWS haben - in sieben Jahren haben wir nicht herausgefunden, wie man es ändern kann -, und dem, was man in der ferneren, fernsten Zukunft haben möchte, nämlich eine einheitliche Währung. Ich möchte alles unterstreichen, was Herr MATTHES gesagt hat im Hinblick auf die Frage, ob denn die EG überhaupt in absehbarer Zeit geeignet ist, eine einheitliche Währung zu haben, oder inwieweit man ihr damit schaden und die Regionalprobleme nur potenzieren würde. Vieles müßte man auf die Regionalpolitik abschieben, während Veränderungen der Wechselkurse heute noch bis zu einem gewissen Grade regionale Gefälle verringern helfen. Herr KLOTEN sagte an einer Stelle, da muß es den großen Sprung geben. Was gibt es aber dazwischen? Eine Parallelwährung? Wie kommt man zum Endziel einer einheitlichen Währung?

Nun sagte Herr MATTHES, man müßte ja auch die Nachfragekomponente nach der ECU 'entwickeln'. Das heißt aber doch nichts anderes, als daß die ECU nicht diese relativ geringe Bedeutung beibehalten kann, die sie bisher hat. Als Geld und Quasigeld von Nichtbanken ist die ECU bisher unbedeutend. Das wird in der Regel nicht gesehen, weil auf Bilanzzahlen abgestellt wird. Aber in den Bilanzen der Banken stehen im wesentlichen Forderungen sowie Verbindlichkeiten der Banken untereinander; das ist also kein auf ECU denominiertes Geld, das ist Interbankenmarkt.

Im übrigen: Wenn es zu einer stärkeren Nachfrage nach ECU kommen soll, dann muß es aber auch zu einem entsprechenden Angebot an ECU kommen. Damit bin ich an dem Punkt, über den man sich eigentlich unterhalten müßte. Wer stellt das Angebot an ECU bereit? Bisher das Bankensystem. Wer kontrolliert das Angebot an ECU bisher? Niemand. Solange es hier eine starke Bindung an einen nationalen Markt gibt - z.B. wenn deutsche Banken in der Bundesrepublik Verbindlichkeiten in ECU hätten -, würde man sie also einbeziehen in die Mindestreserveregelung, und man wird sie auch einbeziehen in das relevante Geldmengenaggregat. Insofern und wenn alle anderen Länder in der EG dasselbe machen würden, könnte man sich vorstellen, daß es eine Kontrolle über das Angebot an ECU gäbe. Aber erstens, die Notenbanken tun nicht dasselbe, und insofern gibt es schon keine Möglichkeit der Kontrolle bei der Schaffung von ECU auf nationalem Boden. Und zweitens 'wächst' die ECU bisher hauptsächlich und wahrscheinlich auch in der Zukunft nicht auf einem nationalen Boden, sondern auf dem Euromarkt. Es ist eine Euro-ECU, so wie es die Euro-DM und den Euro-Dollar gibt. Und die Euro-ECU, die unterliegt überhaupt keiner unmittelbaren Kontrolle durch eine nationale Instanz, und andere als nationale währungspolitische Instanzen gibt es bisher und bis auf weiteres nicht. Die Euro-ECU ist aber - im Gegensatz etwa zur Euro-DM oder zum Euro-Dollar - auch nicht indirekt mit den nationalen Märkten, sozusagen mit dem 'Heimatboden' dieser Währungen verbunden, etwa über die Zinsgestaltung, die ja zwischen Euro-DM und der heimischen D-Mark sehr eng ist. In bezug auf die ECU gibt es diese Bindung nicht, da es logischerweise keinen nationalen Markt für ECU gibt, sondern nur die Märkte aller EG-Währungen. Wie hat man sich das geldpolitisch vorgestellt? Eine Ausweitung des Kreislaufs und des Bestandes an ECU als eine Geldart, als Quasigeld, soll in einer 'Übergangsphase' erfolgen. Und gleichzeitig soll - um auf die Worte von Herrn MATTHES zurückzukommen - die Stabilitätspolitik fortgesetzt werden, die man z.B. mit einer nationalen Währung wie der D-Mark aufgrund der nationalen Gegebenheiten betreiben kann?

HEINRICH MATTHES

Zunächst, was bedeutet die Entwicklung des Marktes der privaten ECU geldpolitisch. Ich glaube, man muß die private ECU als finanzielle Innovation sehen, und bei dieser Feststellung gibt es inzwischen wohl auch von der Kommission kaum noch Widerspruch. Wie Prof. SCHLESINGER gerade sagte, ist der Markt der privaten ECU damit ein Teil des Euromarktes. Während aber eine Euro-Währung durch die Geldpolitik eines Landes bestimmt ist und am engen Arbitragenabel seiner Währungspolitik hängt (nur durch die Mindestreserve und durch einige Standortvorteile ist dieser Arbitragezusammenhang untersetzt), bestimmen im Falle der ECU zehn Länder und zehn Zentralbanken über den Wert, über die Zinsen und über seinen Charakter. Am Ende und am Anfang einer ECU-Transaktion steht, so weit sich dabei Nettosalden ergeben, immer eine Nachfrage bzw. ein Angebot nach den durch die Gewichte des ECU-Korbes genau bestimmten nationalen Währungsmengen. Insofern gibt es also gar keine originäre ECU-Basis und damit auch keine primäre ECU-Schöpfung, sondern nur eine Schöpfung nationaler Teilgeldmengen, die als solche voll der Ingerenz der nationalen Geldpolitik des jeweiligen Landes unterliegen. Ich sehe also die ECU einstweilen geldpolitisch vor sehr beschränkter Virulenz. Es gibt da gewisse Effekte, aber das ist unter Fachleuten zu diskutieren, das kann man praktisch vergessen; es gibt also gewisse marginale Beeinflussungen der Geldpolitik durch die ECU; es gibt auch gewisse Wechselkurseffekte, aber das kann man vernachlässigen. Die Entwicklung der privaten ECU ist also in der Tat Ableger des bekannten Prozesses der Entwicklung der Euromärkte und wirft als solche dann auch alle, diesen Märkten immanenten Probleme auf. Je nachdem wie man das Problem der Euromärkte insgesamt einschätzt, wird man also die Beschleunigung des Euromarkt-Prozesses durch die ECU als positiv oder als negativ empfinden. Darüber hinaus hat die private ECU, wie ich schon sagte, als Währungskorb noch gewisse Devisenmarkt- und Wechselkurseffekte - insofern nämlich, als entsprechend den Korbgewichten jetzt eine Nettonachfrage nach Währungen entsteht (z.B. nach griechischer Drachme), die bisher international gar nicht gehandelt wurden. Aber das kann man einstweilen gelassen betrachten. So lange der private Kreislauf so klein ist, wie er ist, stellt sich kaum eine Notwendigkeit, da geldpolitisch einzugreifen.

Wenn der private ECU-Kreislauf weiter wachsen sollte - bisher ist die Nichtbankenkomponente der ECU mit neun oder zehn Mrd. ECU noch ganz marginal - dann müßte man sich auch Gedanken darüber machen, wie man die ECU gegebenenfalls in ein europäisches Geldmengenziel einbauen könnte. In den Ländern, wo die nationale Geldmenge in erheblichem Maße im ECU-Kreislauf versichert, müßte dann die Notenbank ein i n s g e s a m t konstruiertes Geldmengenziel, also nationale Geldmenge und ECU, zumindest im Visier haben. Das versteht sich, glaube ich, von selbst. Im übrigen sehe ich das alles nicht so dramatisch. Wohl sehe ich, daß mit wachsender Integration der Kapitalmärkte aus der 'normativen Kraft des Faktischen' der Koordinierungszwang für die nationalen Währungspolitiken im europäischen Raum erheblich zunehmen wird.

NORBERT KLOTEN

Zunächst möchte ich auf die Frage, die Herr BESTERS aufgeworfen hat, und auf die These von Herrn STEUER eingehen. Sie fragten, ob nicht der Disziplinierungszwang flexibler Wechselkurse größer sei als der fester Wechselkurse. Bei der Beantwortung dieser Frage ist davon auszugehen, daß die Disziplinierungszwänge, die den beiden Wechselkurssystemen eigen sind, durchaus verschieden sind. Solche Zwänge sind in einem System fester Wechselkurse konstruktionsbedingt; sie ergeben sich zudem aus den zugehörigen Spielregeln, falls sie eingehalten werden. Genau das ist bei flexiblen Wechselkursen nicht der Fall. Hier resultieren die Zwänge aus den Nachteilen, die hinzunehmen sind, wenn man sich etwa für eine 'Politik des billigen Geldes' entscheidet. Demnach ist die Frage - bitte erlauben Sie mir, das zu sagen - so wie sie gestellt wurde, im Grunde nicht zu beantworten. Man hat sich folglich Klarheit darüber zu verschaffen, was das eine System kennzeichnet und was das andere und worin die jeweiligen Risiken begründet sind.

Natürlich kann man sich vorstellen, daß in einem System flexibler Wechselkurse in allen Ländern den Bedingungen genügt wird, von denen Herr STEUER gesprochen hat, nämlich den Bedingungen der Konvertibilität und der Stabilität. Das Ergebnis wäre dann ein Zustand, der weitestgehend dem Zustand entspräche, der sich ergäbe, wenn in einem System fester Wechselkurse dessen Spielregeln voll und ganz von den Beteiligten akzeptiert würden. Nun ist es aber nicht so, daß diesen Bedingungen in der währungspolitischen Wirklichkeit entsprochen wird. Das kann auch nicht erwartet werden. Viel spricht dafür, daß ein System flexibler Wechselkurse in den vergangenen Jahren mit wesentlich stärkeren Wechselkursschwankungen zwischen den europäischen Ländern verbunden gewesen wäre, als dies innerhalb des Europäischen Währungssystems zu registrieren war. Bei der Würdigung des EWS ist weiter zu berücksichtigen, daß es ja nicht seine Aufgabe allein sein sollte, so etwas wie einen Währungsblock zu schaffen - gleichsam als eine Begleitform integrierter Waren- und Dienstleistungsmärkte -, sondern mit dem EWS sollte vor allem nach Ablauf einer Übergangsphase endlich der Einstieg in die Schaffung einer Europäischen Währungsunion gelingen. Gerade diese Hoffnung hat sich nicht erfüllt. Wir befinden uns immer noch in der Übergangsphase, und man hat auch innerlich von dem 'großen Sprung' nach vorne, etwa durch Schaffung einer Parallelwährung auf ECU-Basis, weitgehend Abstand genommen. Was schon seit einiger Zeit im Vordergrund steht, sind tentative Verfahren, also Formen eines Vorgehens in pragmatischen Schritten derart, daß Fakten geschaffen werden, von denen man annimmt, daß sie Prozesse auslösen, die dann wiederum weitere Schritte in der gewünschten Richtung, insbesondere institutionelle Regulierungen, nach sich ziehen. Ich halte dagegen, daß alle vorgeschlagenen Maßnahmen eines schrittweisen Vorankommens bislang mit erheblichen, im Grunde genommen nicht tolerierbaren währungspolitischen Risiken verbunden sind. Es ist nicht zu erwarten, daß die drei Alternativen, von denen ich in meinem Referat sprach - ihnen habe ich andeutungsweise eine vierte gegenübergestellt - eine große Wahrscheinlichkeit haben, verwirklicht zu werden. Der einzig gangbare Weg, und das scheint mir auch die Vorstellung von

Herrn MATTHES trotz viel weitgehender Einräumung etwa in bezug auf die Rolle der regionalen Strukturpolitik zu sein, ist der Weg einer marktmäßigen Integration, der inzwischen weitgehend zu einem Bestandteil des integrationspolitischen Programmes der Brüsseler Kommission geworden ist. Darauf hat Herr CASPARI noch einmal verwiesen. Im Ergebnis läuft er nicht zuletzt auf eine Hinnahme von Einschränkungen nationaler Spielräume bei gleichzeitiger Konvergenz in den Zielen und den Mitteln der Wirtschafts- und Währungspolitik hinaus. Wem das zu umständlich und zu langwierig ist, oder wer meint, daß die mit diesem Weg verbundenen Integrationsimpulse nicht ausreichen, müßte bereit und in der Lage sein, einen Pfad aufzuzeichnen, der eine marktmäßige Integration der Geld- und Kapitalmärkte mit institutionellen Vorkehrungen derart verbindet, daß die Risiken, von denen ich gesprochen habe, nicht eintreten. Es müßte also gleichsam als garantiert anzusehen sein, daß unerwünschte Fehlentwicklungen ausgeschlossen sind. Ich wiederhole: Bis zur Stunde kenne ich keinen Vorschlag, der dieser Bedingung genügt.

Erlauben Sie mir bitte noch ein weiteres Wort zu dem, was Herr MATTHES ausgeführt hat. Die Hoffnung ist doch, daß als Folge der beschlossenen Ergänzungen des EWG-Vertrages Zug um Zug die Voraussetzungen für eine weitergehende, vor allem für eine politische Integration auf europäischer Ebene geschaffen werden. Dem möchte ich im Grundsatz zustimmen, aber ich habe eben doch Bedenken gegenüber einigen Einräumungen, die heute zumeist - und auch von Herrn MATTHES - als notwendig und tragbar angesehen werden. Meine Bedenken richten sich etwa gegen die These von einem Europa der zwei oder gegebenenfalls auch drei und vier Geschwindigkeiten. Ich verkenne dabei nicht, daß die neuen Mitgliedsländer längerer Übergangsfristen bedürfen, aber ausschlaggebend ist doch, daß das Geschehen in diesem Übergangszeitraum mit dem übereinstimmt, was in der Phase einer Überleitung vorbereitet werden soll. Das jeweils aktuelle Handeln steht so im Dienste einer gewollten europäischen Entwicklung auf mittlere und lange Sicht. Daß davon bisher, etwa in Griechenland, kaum etwas zu erkennen ist, bedarf nicht des näheren Beleges. Und wenn ich mir vorstelle, was eine kompensatorische Regionalpolitik alles zu betreiben erlaubt, dann ist es vermutlich realistisch, in dieser Einräumung das Beschreiten eines Weges zu sehen, dessen Ende nicht absehbar ist, wobei sich die so legitimierten konkreten Maßnahmen wohl kaum mit dem eigentlichen zentralen Anliegen der Schaffung einer Wirtschafts- und Währungsunion in Übereinstimmung befinden dürften. Wiederum wird nach Möglichkeiten Ausschau gehalten, sich den Pelz zu waschen, ohne zugleich naß zu werden. Und wenn Herr MATTHES sich auf DELORS beruft und auf dessen Sentenz vom magischen Viereck verweist, wobei eines der Ziele das der relativen Autonomie der nationalen Wirtschaftspolitik ist, dann wird genau hier der Konflikt deutlich, den ich in den Mittelpunkt meines Referates gestellt habe. Man möchte eben letztendlich doch nicht auf Spielräume für nationales wirtschaftspolitisches Agieren verzichten. Was DELORS zum Ausdruck bringt, stützt so im Grunde die zentrale These meines Beitrages.

HANS BESTERS

Da Herr Kollege KLOTEN mich besonders angesprochen - wenngleich nicht überzeugt - hat, gestattet er mir sicherlich eine kurze Entgegnung.

Feste Wechselkurse erfordern die Einhaltung von Spielregeln, das ist keine Frage; ob diese aber tatsächlich eingehalten werden, ist sehr wohl eine Frage. Es ist halt der Unterschied zwischen 'Soll' und 'Ist': Eingehalten werden sie nur dann, wenn aus Fehlverhalten negative Folgen mit Sanktionscharakter resultieren; diese treten aber nur bei Wechselkursflexibilität unmittelbar auf dem Fuße ein. Deshalb halte ich flexible Wechselkurse für wirksamer. Allgemein formuliert: Feste Wechselkurse funktionieren nur in Schönwetterperioden, weil sie einen Goodwill voraussetzen, kaum aber in nationalen Krisenzeiten, in denen für jede Regierung bekanntlich das Hemd näher ist als der Rock.

Aus dem gleichen Grund überzeugt mich auch nicht die These, daß in den letzten Jahren o h n e das EWS die Wechselkursschwankungen erheblich größer gewesen wären. Dann wäre ja aus festen Wechselkursen eine Konvergenz der Geld- und Finanzpolitik abzuleiten, während es unter Nationalökonomen kaum strittig sein dürfte, daß u m g e k e h r t die Konvergenz der Geld- und Finanzpolitik stabile Wechselkurse nach sich zieht, die dann auch gebunden werden können. Nein, wiederum ist den nationalen Regierungen das Hemd näher als der Rock: Nachdem diese ihren Glauben an die wohltuende Wirkung der Inflation auf Wachstum und Beschäftigung durch die schmerzhafte Erkenntnis ersetzen mußten, daß gerade die Inflation die Hauptquelle bedenklicher Investitionsschwäche und wachsender Arbeitslosigkeit ist, entschlossen sie sich schließlich zu mehr Stabilität. Die Folge war, daß die Inflationsraten - wie auch das Gefälle zwischen ihnen - nennenswert zurückgingen. Nicht das EWS, sondern der Wechsel zur Anti-Inflationspolitik aus binnenwirtschaftlichen Erwägungen hat einen wesentlichen Schritt zu mehr Konvergenz in der nationalen Geld- und Finanzpolitik bewirkt und das EWS - davon abhängig - vor stärkeren Belastungen bewahrt.

NORBERT KLOTEN

M.E. ist nachweisbar, daß das Europäische Währungssystem zu einer Dämpfung der Wechselkursschwankungen beigetragen hat, und zwar aus systemimmanenten Gründen. Im EWS kommt es eben nicht zu der Währungssubstitution, die sich einstellt, wenn die üblichen Lehrbuchbedingungen erfüllt sind. Das hängt nicht zuletzt damit zusammen, daß nach jedem Realignment vom Markt erwartet wird, die neu vereinbarten Leitkursrelationen würden über eine vergleichsweise lange Frist mit dem Mittel intramarginaler und - wenn die Kurse an die Grenzen des Bandes stoßen - mit obligatorischen Interventionen verteidigt. Die Bereitschaft zur Intervention würde allerdings für sich genommen nicht ausreichen, wenn nicht die nach einem Realignment in der Regel nach wie vor erheblichen Zinsspannen bewirkten, daß zuvor schwache Währungen sich an der oberen Grenze und bislang starke Währungen an der unteren Grenze des Bandes bewegen. Das war auch diesmal zu beobachten, wobei - das möchte ich am Rande hinzufügen - die französischen Behörden mit der Abwertung des Franc gleichzeitig mehrere Ziele verfolgten, also nicht nur ein wechselkurs- und ein zinspolitisches Ziel, sondern nicht zuletzt auch das Anliegen, derart bessere Bedingungen für eine Repatriierung vorher exportierten Kapitals und außerdem Spielräume für Agrarpreiskorrekturen in nationaler Währung wie für eine wachstumsorientierte Wirtschaftspolitik zu schaffen. Politisch - auch strategisch gedacht - war das, was die Franzosen bei dem letzten Realignment vorführten, eigentlich nicht unklug.

MANFRED WEGNER

Natürlich wäre es verlockend, in die Diskussion über die Funktionsfähigkeit flexibler Wechselkurse einzusteigen. Nur fürchte ich, daß wir uns darüber nicht so schnell einig werden, wie die Ergebnisse der List-Tagung von 1984 in Frankfurt gezeigt haben. Den Thesen von Prof. BESTERS sind die praktischen Erfahrungen der letzten Jahre mit flexiblen Wechselkursen entgegenzuhalten, die viele - nicht alle - Erwartungen der Theoretiker enttäuscht haben.

Aber ich möchte in meinem Diskussionsbeitrag eher auf den Zusammenhang zwischen der Schaffung eines europäischen Binnenmarktes und der europäischen Währungsintegration eingehen. Jeder vollständige Binnenmarkt ist letztlich nur dann optimal funktionsfähig, wenn der einheitliche Wirtschaftsraum auch mit dem Währungsraum übereinstimmt, also gleichzeitig eine Währungsunion bildet oder sich so verhält, als ob es eine einheitliche Währung gäbe. Damit stellt sich die Frage, ob die geplante Schaffung des europäischen Binnenmarktes bis 1992 ohne den Ausbau des Europäischen Währungssystems überhaupt möglich ist, das ja in seiner jetzigen Ausgestaltung auf gebrechlichen Grundlagen ruht und noch immer nicht in seine zweite Ausbaustufe eingetreten ist.

Man kann natürlich die Meinung vertreten, daß bei der Herstellung des europäischen Binnenmarktes ein Nachholbedarf besteht und der Prozeß der Währungsintegration daher vorerst nicht weiter vorangetrieben zu werden braucht. Wenn diese These richtig ist, dann müssen wir uns allerdings auch fragen, warum dieser Nachholbedarf entstanden ist. Zu den wichtigsten Störfaktoren gehören sicherlich die Divergenzen der nationalen Wirtschaftspolitik innerhalb der Europäischen Gemeinschaft. Auch hier möchte ich mich nicht auf die Theorie einlassen, sondern auf die Urteile der Praktiker zurückgreifen. Die EG-Kommission hat 1981/1982 umfassende Unternehmerbefragungen durchgeführt, deren Ziel es war zu erforschen, wieweit die Industrie der Mitgliedsländer ihre Entscheidungen am Bestehen des Gemeinsamen Marktes orientiert hat und welche Hindernisse sie davon abgehalten haben. Als eine der wichtigsten Barrieren wurden von den Unternehmen trotz des EWS das Fortbestehen von Wechselkursunsicherheiten innerhalb der Gemeinschaft angesehen, die ja u.a. die Folge unterschiedlicher wirtschafts- und währungspolitischer Grundausrichtung sind. Meine These ist, daß Störungen und Divergenzen der Makropolitik zu einer Desintegration des Gemeinsamen Marktes geführt haben, wofür es ganz ernstzunehmende Zeichen in den Jahren nach 1973 gab. Dieser Aushöhlung des Gemeinsamen Marktes wurde erst wieder durch die Errichtung des EWS ein Ende gesetzt.

In den Beiträgen des heutigen Vormittags ist so etwas der Eindruck entstanden, als wären die Fortschritte in der wirtschaftspolitischen Konvergenz innerhalb des EWS gering geblieben und als würde man die Disziplinierungsfunktion des EWS überschätzen. Ich möchte dem widersprechen und dabei hinzufügen, daß ich an den Integrationsbemühungen in Brüssel 20 Jahre aktiv beteiligt war. Seit dem Bestehen des EWS haben sich die wirtschaftlichen Koordinierungsanstrengungen sowohl in der Intensität als auch in der Qualität grundlegend verändert.

Für mich stellt sich also weniger die Frage, wie stark die Zwänge des EWS für die Wirtschaftspolitik der beteiligten Länder waren. Ich sehe das EWS als Teil eines verstärkten Lernprozesses an, der vielleicht auch ohne Währungsmechanismen hätte stattfinden können. Aber es war der große Europäer MONNET, der gesagt hat, daß nur Institutionen ein Gedächtnis haben und daher lernfähig sind. Der Lernprozeß im EWS mag nicht alle Erwartungen erfüllt haben, aber er ist mit Erfolg in Gang gekommen. Die überwältigende Übereinstimmung in der Priorität der Preisstabilität ist ein wichtiger Teil dieses Lernprozesses. Wenn heute das Geldmengenziel in Frankreich dem der Bundesbank gleicht, so ist das ein Beweis für die gemeinsame Lernfähigkeit im EWS. Das Verschwinden der Lohnindexierungsmechanismen in Belgien, Italien und Frankreich, die damals dem Abbau von Zahlungsbilanzungleichgewichten so störend im Wege standen, ist ein weiterer Erfolg der Lernerfahrungen im EWS. Das Europäische Währungssystem hat also mehr geleistet als die meisten von uns erwartet haben. Wie groß letztlich dieser Beitrag für die Integrationspolitik insgesamt war, werden wir allerdings nicht beweisen können.

WULFHEINRICH VON NATZMER

Ich habe eine Frage an Herrn MATTHES zu einem Punkt, der auch von Prof. KLOTEN und Herrn WEGNER angesprochen worden ist: Das Ziel der EG ist ein gemeinsamer Wirtschaftsraum, und ein gemeinsamer Wirtschaftsraum sollte eine Einheitswährung haben. Sie werden sich sicher bei der EG Gedanken gemacht haben, wie dieses System am Ende aussehen sollte. Wir haben in den Mitgliedstaaten unterschiedliche Modelle dafür, die nicht nur als akademische Idee vorliegen, sondern in der Praxis erprobt sind. Von diesen hat sich das System einer autonomen Zentralbank wie in der Bundesrepublik sicherlich besonders bewährt. Wie stellt sich die EG als Institution diesem Modell gegenüber und wie ist die Wahrscheinlichkeit zu beurteilen, daß in der Endstufe eine Währung nach diesem Muster geschaffen wird?

NORBERT KLOTEN

Es gibt von mir keine Publikation, in der ich nicht auch die Vorteile des Systems herausgearbeitet habe, denn es handelt sich immer um ein einerseits und ein andererseits. Ich weise stets auf die vielen Formen einer engen geldpolitischen Kooperation zwischen den Notenbanken hin und auch auf die Elemente, die von den Mitgliedsländern beim Vollzug stabilitätspolitischer Bemühungen als hilfreich empfunden und genutzt werden (können). Bei nüchterner Sicht ist jedoch zu fragen, ob die Konvergenz in der Geldpolitik im System selbst zwingend angelegt ist, oder ob nicht das, was wir beobachten können, vornehmlich Ausdruck eines Lernprozesses ist. Die systemimmanenten Zwänge sind m.E. so, wie das EWS konstruiert ist und es bisher gehandhabt wurde, vergleichsweise gering. Für sich allein würden sie das zu konstatierende Maß an Konvergenz nicht herbeigeführt haben. Das ist die entscheidende Aussage. Bei der Gründung des EWS war man davon ausgegangen, daß sich die Handhabung an den Spielregeln eines Systems fester Wechselkurse orientiert - unter Hinnahme der sich sowohl in den Ländern mit starker als auch in denen mit schwacher Währung ergebenden Liquiditätseffekte und der daraus resultierenden geldpolitischen Maßnahmen bei gleichzeitigem Rückgriff auf die vorgesehenen Beistandsregelungen. Daß es anders kam, war im Grunde nur gut. Das System hätte sonst dem Druck divergenter Interessenlagen nicht standgehalten. Diese waren aber auch die Ursache für den Lernprozeß, der zum Teil recht schmerzhaft ausfiel. Das gilt vor allem für die von der Mitterand-Administration zunächst verfolgte Politik, die sich in einem fundamentalen Gegensatz zu den Zielen des EWS und dem befand, was es bewirken sollte. Die Resultate dieser Politik waren so katastrophal, daß sich eine Kehrtwendung aus nationalen - auch aus wahltaktischen - Gründen empfahl. Die Wende verdient gleichwohl Anerkennung, wenn derart auch belegt wird, daß das EWS eben nicht die systemimmanenten Sanktionsmechanismen umschließt, die ihm zunächst von seiten der Befürworter zugeschrieben worden waren und die schon für sich frühzeitig Korrekturen hätten erzwingen müssen. Die gewonnenen Einsichten, die zu einer beachtlichen Annäherung in den zentralen Positionen der Geldpolitik, aber auch der Finanzpolitik und hier nicht zuletzt der Risiken geführt haben, die mit einer übermäßigen Finanzierung der öffentlichen Haushalte durch Kreditaufnahme verbunden sind, gilt es zu nutzen, wie es auch darauf ankommt, das EWS in seiner heutigen Form durch sinnvolle Maßnahmen Schritt für Schritt zu härten.

Ich bin also ganz mit Herrn MATTHES einverstanden, wenn er die Lernprozesse, die stattgefunden haben, betont, obwohl es, was Ursprung und Struktur dieser Lernprozesse angeht, offenbar noch Dissensen im Urteil gibt.

HEINRICH MATTHES

Herr v. NATZMER fragte nach den Vorstellungen der Kommission. Die Kommission versucht, in der Integrationspolitik einen pragmatischen Weg zu gehen, das Gangbare zu realisieren und die Sache voranzutreiben. Das Endziel ist dabei, diesen großen einheitlichen Wirtschaftsraum, der sich zunehmend konturiert, schließlich mit einer gemeinsamen Währung auszustatten; aber möglicherweise werden wir das gar nicht mehr konkret erleben. Man sollte jedoch nicht immer mit Endzielen argumentieren und darüber die Fortschritte im Bereich des Machbaren vergessen. Natürlich müssen diese Fortschritte auf ordnungspolitisch festem Grund erzielt werden. Insofern glaube ich, daß es für die in fernerer Zukunft einmal zu gründende europäische Zentralbank nur e i n Modell gibt: das Modell der Bundesbank.

Dann wurde England ins Spiel gebracht, und ich fand das interessant; das schlägt die Brücke zu dem, was Herr WEGNER sagte. Ich glaube, nichts zeichnet die gegenwärtige Situation im EWS klarer, als daß der Beitritt zum EWS für England heute eine überzeugende 'hard currency option' wäre; mehr braucht man dazu eigentlich nicht zu sagen.

Das regionalpolitische Problem ist sicherlich kein kleines Problem; es ist ein Dauerproblem, das in einheitlich organisierten Staatsräumen damit beantwortet wurde, daß sich diese Staatsräume mit einem umfassenden Finanzausgleich ausgestattet haben. Überall werden darüber hinaus intensive Anstrengungen regionalpolitischer Art gemacht. Der Prozeß der räumlichen Entwicklung führt eben - wie ich ausgeführt habe - nicht von sich aus zu einem irgendwie gearteten Gleichgewicht. Stellt man sich allerdings die Frage, was in einem so großen räumlichen Gebilde denn dann in dieser Richtung möglich ist, so muß man wohl eines klar sehen: Die Bereitschaft, sich aktiv in Regionalpolitik und Finanzausgleich zu engagieren, wächst offenbar umgekehrt proportional zur Ausdehnung des Staatsraumes. Das gilt jedenfalls ganz klar für die USA und findet dort nicht zuletzt seinen Ausdruck in einer sehr viel niedrigeren Staatsquote. Besteht bei der Definition der 'sozialen Wohlfahrtsfunktion' nicht so viel Bereitschaft zu räumlichen Transfers, dann gibt es möglicherweise Grenzen der Einheitswährung; dies habe ich gezeigt.

HANS BESTERS

Herr MATTHES provoziert mich erneut, wenn er die regionalpolitische Flankierung des Festkurssystems im EWS fordert. Statt die Regionalpolitik möchte ich als Beispiel die Agrarpolitik wählen, zumal beide zusammenhängen und neuerdings häufig die Meinung vertreten wird, die spezielle Agrarpolitik in Regionalpolitik umzusetzen.

Die Konsequenzen der vergemeinschafteten Agrarpolitik brauche ich nicht näher zu erläutern, vielmehr geht es mir in diesem Zusammenhang nur um die Folgen von Wechselkursänderungen im EWS (die von letzter Woche war immerhin die zehnte!), welche zukünftig nicht nur für die Agrarpolitik, sondern auch für die Regionalpolitik zu berücksichtigen wären: Jede Abwertung begünstigt die Fördergebiete, jede Aufwertung benachteiligt sie. Dann würde mit Sicherheit die Forderung nach einem 'Regionalausgleich' (wie jetzt wieder nach einem Grenzausgleich für die Agrarwirtschaft) erhoben. Gerade das verhindert aber, was m.E. Herr MATTHES im Auge hat, weil dadurch die neuen Wechselkursrelationen unterlaufen würden, folglich alles beim alten bliebe.

EDUARD M. MICHAELIS

Es gibt ein chinesisches Sprichwort, das sagt, wenn der Wolf dich beim Eingang Deines Hauses ins Bein beißen will und Du wehrst ihn ab, nutzt Dir das gar nichts, wenn der Tiger - vom rückwärtigen Eingang kommend - Dir das Genick durchbeißt. Aus diesem Grunde müssen wir m.E. alle diese Überlegungen, die wir hier für den europäischen Raum angestellt haben, im Zusammenhang mit dem Weltgeschehen im Sektor Währung sehen. Dabei muß man von folgendem Sachverhalt ausgehen: Die Regierung REAGAN hat die USA zum größten Schuldnerland der Welt gemacht. 1989 werden die amerikanischen Staatsschulden 600 Mrd. Dollar betragen, so daß eine jährliche Zinslast von 60 Mrd. Dollar aufzubringen ist. Das Treasury muß jeden Tag bonds und bills für 800 Mio. Dollar unter die Anleger der Welt bringen, um das Haushaltsdefizit zu bewältigen - das in einer Volkswirtschaft, die nach Grundsätzen organisiert ist, die uns fremd sind: Sie bestraft den Sparer und begünstigt den Schuldner, indem sie dem Letzteren gestattet, jeden Zins (den produktiven und den konsumtiven) von der Steuer abzusetzen. Der Dollar aber stellt die Weltwährungsreserve dar. Etwas Derartiges, daß eine Schuldnernation (noch dazu in der Höhe) die Weltwährungsreserve darstellt, hat es noch nie gegeben. Der Dollarkurs ist keine währungstechnische Größe mehr, sondern ein strategisches Instrument für die Führungsmacht Amerika zur Realisierung der 'pax americana' ('Kolonialismus in liberaler Verpackung', so hat das einmal jemand formuliert). Anstatt, daß die USA sich weltwirtschaftlich mitverantwortlich fühlen, leidet die Weltwirtschaft einmal unter einem steigenden, dann wieder unter einem fallenden Dollar. Die einen kommen zu Sonderprofiten, anderen verdirbt der Dollar die Zahlungsbilanz - von denen nicht zu reden, die bei diesem Geschehen auf der Strecke bleiben. Damit sind wir bei einem Begriff gelandet, den Friedrich LIST geprägt hat: Prädominanznation. LIST hat zu seiner Zeit diesen Begriff für das industriell prädominante England geprägt. Heute, im Zeitalter der Weltwirtschaft, ist Amerika die Prädominanznation auf dem Sektor des internationalen Kapitalverkehrs, die 'pax americana' hat die 'pax britannica' abgelöst. In Anbetracht der von mir im Grobraster aufgerissenen Struktur stehen uns m.E. unangenehme Überraschungen in der unmittelbaren Zukunft bevor, die nicht nur einen negativen Effekt in bezug auf den freien internationalen Kapitalverkehr haben werden. EMMINGER meinte einmal (ich kann die Äußerung nur dem Sinne nach wiedergeben), es schaut so aus, als ob wir das monetäre Weltsystem über die Runden bringen, daß dabei aber das Basisgeschehen, der internationale Waren- und Dienstleistungsverkehr, auf der Strecke bleiben wird.

PETER BOFINGER

Ich habe eine Frage an Herrn MATTHES, der in seinem Referat weitgehend darauf verzichtet hat, den Weg zur monetären Integration konkret darzustellen. Das einzige, was ich herauslesen kann, ist die These 10. Dort wird erwähnt, daß die Weiterentwicklung der ECU die finanzielle Integration in Europa fördern könnte. Ich tue mich schwer, abzuleiten, wie dieser Integrationsprozeß erfolgen könnte. Aus mikroökonomischer Sicht ist es jedenfalls nicht ganz einfach, das darzulegen. Ich bin eher der Meinung, daß durch die Einführung einer zusätzlichen Währung die Transaktionskosten erhöht werden und daß die Sicherheitsvorteile der ECU wohl nicht allzu sehr ins Gewicht fallen können; das ist ja auch von Prof. SCHLESINGER dargestellt worden. Meine Frage lautet also, ob es von seiten der Kommission konkrete Vorstellungen gibt, wie denn nun eigentlich der Integrationsprozeß - gestützt auf die ECU - vorangehen könnte.

HEINRICH MATTHES

In der Diskussion sind bedauerlicherweise einige Dinge noch nicht genügend geklärt worden, und ich möchte versuchen, diesbezügliche Fragen doch vielleicht noch einmal kurz aufzugreifen. Zunächst zu Prof. KLOTEN: Er war der Meinung, daß die Kommission mit den Luxemburger Beschlüssen nicht viel erreicht habe. Vielleicht darf ich in diesem Zusammenhang die grundlegenden Überlegungen der Kommission, die zu diesen Luxemburger Vorschlägen geführt haben, noch einmal kurz darstellen: Zum ersten Mal seit 30 Jahren wurde der EG-Vertrag geöffnet. Als man 1958 in Rom unterschrieb, befand man sich noch im 'Schoße von Bretton Woods', also im Schoße einer Weltwährungsordnung, in der die monetäre Integration überhaupt keine Probleme stellte; in der Tat gab es so wenig Probleme, daß man es im EG-Vertrag gar nicht für nötig hielt, die monetäre Dimension überhaupt zu erwähnen. Man regelte stattdessen nur ein Konditional der festen Wechselkursordnung von Bretton Woods, nämlich das Postulat des freien Kapitalverkehrs. Im damaligen Vertrag wirkte also die feste Wechselkursordnung mit ihren weitgehenden Koordinationszwängen als striktes monetäres Integrationsprinzip; das war die Grundüberzeugung, unter der man diesen Vertrag unterzeichnet hatte. Damit waren also die Koordinationszwänge der 'Welt von Bretton Woods' praktisch integraler Bestandteil des EG-Vertrages.

So ist es eigentlich selbstverständlich, daß die Kommission im ersten Moment (seit 30 Jahren), wo dieser Vertrag geöffnet wurde, und zu einem Zeitpunkt, wo das Bretton Woods-Abkommen seit 14 Jahren gekündigt war, daran interessiert sein mußte und ganz legitimerweise daran interessiert war, unmißverständlich klarzustellen, daß die Gemeinschaft Währungsbefugnisse besitzt. Das war also eine erste grundsätzliche Erwägung. Dabei stand - und dies war die zweite Erwägung - eine grundlegende Umgestaltung der bereits bestehenden einzelstaatlichen Systeme überhaupt nicht zur Debatte. Das hat die Kommission nie beabsichtigt und auch nie verfolgt. Die dritte Grundsatzerwägung war, daß ein Dokument potentielle Befugnisse schaffen sollte, durch die nach und nach Fortschritte beim EWS ermöglicht werden konnten. Schließlich sollte viertens die Möglichkeit eines Ausbaus des EWS geschaffen werden bis hin zur Schaffung eines Europäischen Währungsfonds (EWF), der wiederum einstimmig genehmigt und feierlich ratifiziert werden sollte. Bis dahin - und das liegt wohl noch in weiter Zukunft - sind aber nach der Meinung der Kommission auf dem Wege noch andere Fortschritte möglich, insbesondere bei der Tätigkeit des gegenwärtigen Europäischen Fonds für währungspolitische Zusammenarbeit (EFWZ) und bei der Entwicklung der ECU.

Das waren die vier Grundsatzüberlegungen der Kommission, die zur einheitlichen Europäischen Akte geführt haben, wo dann die monetären Kompetenzen der

Kommission sozusagen abschließend geregelt wurden. All diese Erwägungen der Kommission wurden dort in befriedigender Weise aufgenommen. Der einzige wesentliche Unterschied zu den Texten vor und nach Luxemburg besteht nach Meinung der Kommission darin, daß der Vorschlag v o r Luxemburg den EFWZ erwähnt, während der Text n a c h Luxemburg das nicht mehr tut. Soviel zu den Luxemburger Beschlüssen.

Schließlich lassen Sie mich noch darauf hinweisen, daß hinter den von Herrn WEGNER charakterisierten eindrucksvollen Fortschritten, die das EWS gebracht hat, doch ganz eindeutig ein grundlegender Wandel in der Sicht der Geldpolitik und der Rolle, die die Zinspolitik dabei zu spielen hat, stand. In den 70er Jahren wurde die europäische Geldpolitik über weite Perioden hinweg im Zeichen negativer Realzinssätze geführt. Das hatte erhebliche negative Wirkungen nicht nur für die Geldwertstabilität, sondern auch für den Wachstumsprozeß, und diese Politik hat wesentlich dazu beigetragen, daß die Arbeitslosigkeit in Europa gestiegen ist. Das hat man inzwischen überall eingesehen, und inzwischen sind die Realzinsen in fast allen Ländern sogar etwas höher als in der Bundesrepublik. Dies stabilisiert das EWS ganz erheblich in den Zwischenphasen zwischen zwei Realignments, weil die Kapitalströme dann in großem Ausmaß in die Zinsdifferentiale gehen. Es entwickeln sich also unter solchen Umständen erhebliche stabilisierende Kapitalbewegungen.

Abschließend aber noch ganz kurz ein Kommentar zur Bemerkung von Herrn MICHAELIS und dessen grundlegender Polemik gegen die hohen US-Defizite. Ich glaube, es gibt niemanden hier im Saale, der diese Kritik am 'benign neglect' nicht teilt. Interessanterweise läßt sich allerdings jetzt in der US-Position bereits ein klarer dialektischer Umschlag erkennen. Angesichts der sich immer mehr auftürmenden Schulden hört man jetzt aus den USA wieder Gedanken darüber, daß man in Zukunft doch wieder zu etwas mehr Ordnung in der Weltwährungsordnung zurückkommen sollte, möglicherweise in Richtung auf etwas mehr feste Wechselkurse zwischen den Blöcken. Wahrlich ein erheblicher Kontrast zu den Erklärungen von SPRINKEL noch vor einem Jahr, als er den 'benign neglect' in seiner provokativsten Version verkündete. Das klingt heute ganz anders. Nur sollte Europa jetzt seinerseits einmal klar artikulieren, was eigentlich in seinem Interesse ist.

NORBERT KLOTEN

Ich möchte mich darauf beschränken, meinem Erstaunen Ausdruck zu geben, daß ich mich nämlich auch nicht ein einziges Mal einer wirklichen Attacke ausgesetzt sah. Ich möchte zudem Herrn MICHAELIS um Nachsicht bitten, wenn ich auf die Pflichten eines Reservewährungslandes nicht mehr eingehen kann.

HANS BESTERS

Unser Gast für den abschließenden Vortrag, Herr Prof. MERKLE, wartet bereits seit geraumer Zeit. Um den Zeitplan wenigstens einigermaßen einzuhalten, bin ich gehalten, an dieser Stelle die Diskussion zu beenden. Mit dem Dank an die Referenten und Diskussionsteilnehmer darf ich die Leitung an unseren Vorsitzenden, Herrn Dr. SPETHMANN zurückgeben.

VORSITZENDER

Vielen Dank, Herr Prof. BESTERS, für die Diskussionsleitung. Wir begrüßen Herrn Prof. MERKLE, der uns zugesagt hat, einen Vortrag zu dem Thema 'Chancen Europas im Internationalen Zusammenhang' zu halten. Herr Prof. MERKLE, seien Sie herzlich willkommen, seien Sie unserer großen Aufmerksamkeit gewiß.

Chancen Europas im internationalen Zusammenhang
HANS L. MERKLE

Bevor ich über Europa spreche, möchte ich einige Worte über Friedrich LIST sagen, dessen Namen Ihre Gesellschaft trägt - auch für ihn, der zunächst von Deutschland sprach, war Europa das Fernziel.

An den Anfang seines Beitrags über LIST, den Theodor HEUSS für 'Die großen Deutschen' geschrieben hat, stellte er den Satz: "Wenn der Name Friedrich LIST genannt wird, bekommen die Deutschen ein schlechtes Gewissen." [1]

Wenige Jahre vorher - 1931 - war die List-Biographie von Walter v. MOLO [2] erschienen. Was mir von LIST zutiefst bewußt ist, stammt von v. MOLO. Ich war 18 Jahre alt, als ich das Buch zum ersten Mal las; v. MOLO hat LIST freilich ebenso überzeichnet wie teilweise auch HEUSS.

Mit Recht stellt HEUSS jedoch klar, daß man in LIST nicht einfach "den Begründer und Verteidiger des Schutzzolls" sehen dürfe. Denn dessen Kampf, insbesondere im Jahr 1819, das für ihn schicksalhaft werden sollte, "galt nicht der Errichtung, sondern der Niederlegung von Zollgrenzen". Der "Lehre von den Werten" eines Adam SMITH steht - ich zitiere noch immer HEUSS - die "Lehre von den produktiven Kräften" gegenüber. Ging es SMITH um die regelnde Kraft des Marktes, so ging es LIST darum, "Werte zu schaffen". [3] Und "Zoll war für ihn nicht Schutz der Rente, sondern Verpflichtung zur Arbeitsintensivierung". [4]

Über das Verhältnis LISTs zu Europa sagt HEUSS, es sei vielleicht "das Größte an ihm, daß er in der Zeit der deutschen Ohnmacht ... in unbefangener Klarheit und Nüchternheit von der deutschen Lage in E u r o p a sprach". [5]

Wenn wir heute von den 'Chancen Europas im internationalen Zusammenhang' sprechen - welches Europa meinen wir dann?

In Jalta - so berichtete damals der BBC-Sender - einigten sich die Staatsmänner der westlichen Welt mit STALIN über eine Demarkationslinie, die durch Lübeck und Innsbruck gehen sollte. Man muß bezweifeln, ob ROOSEVELT und CHURCHILL sich darüber klar waren, daß sie damit nicht nur Deutschland, sondern Europa teilten. Wenige Jahre später - Tschechoslowakei, Ungarn, Rumänien, Bulgarien - wurde das evident. Der Abbé de PRADT schrieb 1827, "jenseits der

---

1) Theodor Heuss, Friedrich List (1789-1846), in: Hermann Heimpel/Theodor Heuss/Bruno Reifenberg (Hrsg.), Die Großen Deutschen, Deutsche Biographie, 3. Bd., Berlin 1956, S. 201-213, hier S. 201.
2) Walter v. Molo, Ein Deutscher ohne Deutschland, Berlin 1931.
3) Vgl. Theodor Heuss, Die Großen Deutschen, a.a.O., S. 209.
4) Ebd., S. 210.
5) Ebd., S. 211.

Weichsel" falle "ein Vorhang herab"; [6] er nahm das Wort CHURCHILLs vom 'Eisernen Vorhang' vorweg. Aber dieser fiel nicht jenseits, sondern diesseits der Weichsel.

Sprechen wir heute nur noch von Europa westlich des Vorhangs?

Ich bin sicher, daß wir damit die Kritik, ja den Zorn aller jener hervorrufen würden, die sich östlich des Vorhangs nach wie vor als Europäer betrachten und fühlen. Polen ist nicht Asien, Polen ist Europa. Das gilt nicht minder für die Tschechoslowakei. Im ungarischen Parlament wurde noch Mitte des letzten Jahrhunderts eine zentrale europäische Sprache gesprochen: Latein. Wir sind in Baden-Württemberg stolz darauf, daß wir 1977 das 500jährige Bestehen der Universität Tübingen begehen konnten. Das Jahr 1986 ist das Jubeljahr der Universität Heidelberg, die 1386 gegründet wurde. Aber damals bestanden längst Universitäten in Prag (1348), in Krakau (1364) und in Pecs (Fünfkirchen, 1367).

Wir sind uns dessen bewußt, daß es nicht in unserer Hand läge, die Grenzen Europas in ihrer heutigen politischen Wirklichkeit nach Osten zu verschieben, und ich will mit meinen Reminiszenzen das Rad für heute nicht zurückdrehen. Ich will nur erreichen, daß sich unser Blick nicht immer nur auf das Europa westlich jener Linie Lübeck/Innsbruck richtet - daß wir vielmehr daran denken, daß Osteuropa nicht nur ein geographischer, sondern auch ein geopolitischer Begriff ist, und daß man unseren Kontinent eben nicht etwa als den 'kleinen Vorbau Asiens' ansehen darf, wie das Paul VALÉRY in den 20er Jahren schrieb [7] - als eine Reaktion auf die Vorstellung, die sich vor dem Ersten Weltkrieg mit dem Namen Europas verband: die eines mächtigen Brennpunktes, der auf alle anderen Kontinente ausstrahlte.

Mehr und mehr erkennt man, daß in der einprägsamen und in einer schicksalsträchtigen Zeit auch verständlichen Prägung VALÉRYs ein Aufruf an die Europäer liegt, die Schwächephase zu überwinden, in die wir durch eigene Fehler hineingeraten sind. Ich lasse beiseite, es gehört nicht zu meinem Thema, wie sich die Last der Fehler verteilt; jedes einseitige Urteil könnte in die Irre führen.

Der amerikanische Historiker Oskar HALECKI, der in Polen zuhause war, schrieb vor einem Vierteljahrhundert, wenn das historische Europa weiterleben wolle, könne es sich nicht auf die Grenzen des karolingischen Reiches zurückziehen. Europa dürfe sich nicht "damit abfinden, im zwanzigsten Jahrhundert auf mehr oder weniger alles zu verzichten, was sich im zehnten, eben deswegen so entscheidenden Jahrhundert an Alteuropa angeschlossen und das Gesamteuropa des

6) Dominique de Fourt de Pradt, Parallèle de la puissance anglaise et russe relativement à l'Europe, Paris 1827, zitiert nach: Denis de Rougemont, Europa. Vom Mythos zur Wirklichkeit, München 1962, S. 259.
7) Paul Valéry, Die Krise des Geistes. Drei Essays, hrsg. von H. Steiner, Wiesbaden 1956, S. 16 f. (Original: Variété I, Paris 1924).

folgenden Jahrtausends gebildet hat". [8] Wenn er in seinem Streben, Europa richtig zu sehen, vor allem auf die Ostseeländer blickt: "Heute müßte es klar sein, daß alle Ostseeländer, einschließlich der an der Ostküste gelegenen, ein wesentlicher Bestandteil jeder echten atlantischen Gemeinschaft sind", hören wir die Stimme Osteuropas. [9]

Ich gehe nicht soweit, die Sowjetunion in das Europa meiner Betrachtungsweise einzubeziehen. Wir haben zwar gelernt, daß - geographisch - Europa bis zum Ural gehe. Aber die Sowjetunion hat, wie auch schon das Zarenreich, diese Gebirgsgrenze längst nach Osten übersprungen und hat eine geopolitische Einheit aufgebaut, die man euro-asiatisch nennen könnte, nicht aber europäisch. Dabei haben wir viele Zeugnisse eines russischen Europa-Denkens vor allem aus dem letzten Jahrhundert, die mir aber dennoch nicht veraltet zu sein scheinen, weil sie in die Gegenwart fortwirken. Nehmen wir DOSTOJEWSKI, der in seinen Tagebüchern der 70er Jahre geschrieben hat, die Zukunft Europas gehöre Rußland. Aber das war wohl eher Ausdruck eines russischen Zieles als etwa eine Identifikation mit Europa.

Es spricht nicht Ideologie, vielmehr Pragmatik dafür, daß wir uns ein Europa vorstellen, das im wesentlichen diesseits des Eisernen Vorhangs liegt, aber nie vergißt, daß 'gestern' Europa größer war als heute, und 'morgen' wieder größer sein könnte - nicht als Ergebnis gegenwärtigen politischen Wollens, sondern aufgrund geistiger Kräfte, die sich an geographischen Grenzen nicht aufhalten lassen.

I.

Sie haben heute vormittag die Probleme einer europäischen Währungsfrage diskutiert. Die Herren, die vorgetragen haben, kennen die Materie besser als ich, weshalb ich etwas zögere, zu diesem Thema zu sprechen. Aber ich will es dennoch, wenn auch etwas laienhaft, versuchen, wobei ich die uns vielleicht noch immer bewegende Freude an dem vielfältigen Erscheinungsbild der Noten und der Münzen zurückstelle - zumal morgen, übermorgen der Rechner, der Computer der Bildhaftigkeit doch ein Ende bereiten wird.

Eine starke Währung ist Ausdruck nachhaltiger Wirtschaftskraft, fundierten Gleichgewichts einer Region. Daß die Wechselkurse von kurzfristigen Kapitalbewegungen - man darf sagen: spekulativer Natur - beeinflußt werden, daß objektive Tatbestände und subjektive Erwartungen - letztere ihrerseits nicht ohne Einfluß auf das, was real geschieht - sich überlagern, berechtigt die Verantwortlichen nicht, die Herstellung und die Erhaltung des Gleichgewichts zu vernachlässigen.

8) Oskar Halecki, Europa. Grenzen und Gliederung seiner Geschichte, Darmstadt 1957, S. 199 (Original: The Limits and Divisions of European History, London/New York 1950).
9) Ebd., S. 58.

Eine verläßliche und gegenüber allen gerechte Währung läßt sich deshalb nur innerhalb eines fest umrissenen Gebiets denken, das stabil 'regiert' wird. Bretton Woods war nach dem Zweiten Weltkrieg sowohl notwendig als auch möglich - für eine begrenzte Zeit. Die Märkte sind darüber hinweggegangen.

Internationale Währungsabkommen verlangen den G l a u b e n an feste Maßstäbe, seitdem es nicht mehr möglich ist, echte Goldwährungen zu schaffen und zu erhalten. Das Vertrauen in eine Währung hängt also - national und international - von der Stabilität der ihr zugrunde liegenden wirtschaftlichen Strukturen und Ordnungen ab. Die Geldordnung eines Wirtschaftsgebietes ist ein notwendiges, aber kein hinreichendes Element einer wirtschaftlichen Gesamtordnung.

Es bleibt - auch nach allem, was deutsche offizielle und offiziöse Stellen in der letzten Zeit geäußert haben - dabei, daß gemeinsamer Währungspolitik gemeinsame Wirtschaftspolitik v o r a u s g e h e n muß. Da wir uns auf die letztere noch nicht geeinigt haben, ist die erstere wirklichkeitsfremd - es sei denn, der Realismus europäischer Nachbarländer (ich klammere einmal amerikanische Überlegungen aus) liege darin, daß man die Bundesrepublik über eine Härtung des europäischen Währungssystems zur Kasse bitten will.

II.

Wie stark ist nun das Europa, von dem wir heute sprechen können, in Zahlen?

Stellt man die großen Wirtschaftsgebiete in Zahlen nebeneinander, kommt man auf die folgenden Größenordnungen und Beziehungen: Die Bevölkerung Westeuropas übertraf im Jahr 1985 (wie auch in den Vorjahren) die addierten Einwohnerzahlen der Vereinigten Staaten und Japans:

Westeuropa	403 Mio. Einwohner
USA	239 Mio. Einwohner
Japan	121 Mio. Einwohner
USA + Japan	360 Mio. Einwohner

Nun wird die Wirtschaftskraft eines Gebietes nicht in erster Linie durch die Einwohnerzahl oder durch die Fläche verkörpert. Würde man nur in Größe denken, so stünden die Blöcke China und Indien weit an der Spitze; auch nach der Fläche schlagen sie Westeuropa und - erst recht - Japan; nur die Supermächte weisen noch größere Flächenzahlen auf. Kennzeichnender ist das Bruttosozialprodukt, das 1985 in

USA	3 990 Mio. $
Japan	1 330 Mio. $ (1 400)
Westeuropa	2 830 Mio. $ (5 450)

betrug. Bei dem 'überhöhten' $-Kurs des Jahres 1985 erscheinen hier Japan und Westeuropa zu niedrig; zu Wechselkursen von 1980 gelten die in Klammern stehenden Zahlen. War der $-Kurs 1985 überhöht, so war er aber 1980 mit 1 US-$ = 1,82 DM eher unterbewertet. Doch ist es in der Größenordnung nicht falsch, davon auszugehen, daß Westeuropa den Vereinigten Staaten im Bruttosozialprodukt nicht nachsteht, Japan gegenüber aber sehr viel stärker ist.

Im Pro-Kopf-Einkommen 1985 laufen die USA Westeuropa davon:

> USA   16 700 $
> Japan   11 000 $ (11 550)
> Westeuropa 7 000 $ (13 500)

(Auch hier Zahlen in Klammern zu Wechselkursen von 1980).

Welchen Wechselkurs man immer annimmt: Im Pro-Kopf-Einkommen stehen die Vereinigten Staaten an der Spitze, Japan in der Mitte, und erst dann folgt Westeuropa. Dabei sind die Zahlen für Westeuropa Mittelwerte mit großer Bandbreite - von der Schweiz bis Portugal.

Auch bei der Gegenüberstellung des realen Wirtschaftswachstums 1980 bis 1985 fällt Westeuropa vergleichsweise zurück:

> USA   2,6 v.H. jährlich (3,4)
> Japan   4,0 v.H. jährlich (5,0)
> Westeuropa 1,3 v.H. jährlich (2,9)

(In Klammern die Ziffern für 1975 bis 1980).

Das Tempo des Wachstums in Japan ist evident, und es sieht so aus, als ob es den Japanern trotz externer und interner Probleme gelänge, schneller zu wachsen als die Amerikaner und Europäer.

Bei allen Zahlenangaben sprach ich von Westeuropa, nicht etwa von jenem erweiterten Europa-Begriff, den ich Ihnen einleitend nahebringen wollte. Doch sowohl statistische Gründe als auch der Wunsch, keinesfalls einer Annektionslust bezichtigt zu werden, sprechen dafür, daß wir bei konkreten Überlegungen den 'Eisernen Vorhang' beachten.

Die Arbeitsmärkte der betrachteten Gebiete klaffen weit auseinander. Ob in den unausgeschöpften Arbeitspotentialen Europas mehr Chancen als Risiken liegen, ist schwer zu beantworten. Wirtschaftlich sind Chancen nicht auszuschließen, während ich die politischen Risiken nicht überblicke, keinesfalls aber aus dem Bewußtsein verdrängt sehen möchte.

In Europa steigt in diesem Jahrzehnt die Arbeitslosenquote weiter an; sie hat, bei unterschiedlicher Wellenhöhe, in einzelnen Ländern die Schmerzgrenze erreicht; das hat sich in hinter uns liegenden Wahlen offenbar ausgewirkt, und man kann nicht ausschließen, daß es sich auf kommende Wahlen auswirken könnte.

Die Vereinigten Staaten und Japan stehen, was den Arbeitsmarkt angeht, weitaus besser da als Westeuropa, wenn auch aus Gründen und mit Konsequenzen, die strukturell unterschiedlich sind. Japan hat eine in den letzten drei Jahren gleichbleibende Arbeitslosenquote von nur 2,6 bis 2,7 v.H. Man spricht freilich bei Regierung und Wirtschaft in Japan von latenter oder zurückgestauter Arbeitslosigkeit, was nicht etwa statistisch bedingt ('standardized unemployment rates'), sondern sozioökonomisch begründet ist.

Die Vereinigten Staaten können über eine zurückgehende Arbeitslosenquote berichten: 1983 bis 1985 von 9,5 auf 7,4 auf 7,1 v.H. fallend. Vor allem aber ist es in den USA und in Japan in den letzten Jahren gelungen, das Beschäftigungsniveau wesentlich zu erhöhen. Es gibt Zahlen aus USA, die für die letzten 15 bis 20 Jahre von einer Erhöhung der Beschäftigtenzahl von rund 20 Mio. sprechen. Von 1980 bis 1985 hat sich die Zahl der Beschäftigten, in einem Zeitraum von nur fünf Jahren, von 99,3 auf 107,2 Mio. erhöht. In der gleichen Zeit meldet Japan eine Steigerung der Beschäftigung von 55,4 auf 58,3 Mio.

In Westeuropa ist es allenfalls gelungen, das Wachstum der Arbeitslosenquote einzudämmen; Beschäftigungserfolge werden im wesentlichen nur in der Bundesrepublik in kleinen Schritten sichtbar.

Immerhin gibt es e i n Segment, in dem Prognose sich aufdrängt: die Bevölkerungsentwicklung (etwas anspruchsvoller: die demographische Entwicklung). Das politisch aufgeheizte Lamento über die angeblich zu geringe Zahl von Ausbildungsplätzen wird, wie wir wissen, in wenigen Jahren in der Bundesrepublik keinen Boden mehr haben. Denn seit Anfang der 70er Jahre hat sich die Geburtenzahl in der Bundesrepublik fast halbiert (mit den Geburten von Kindern ausländischer Eltern beträgt sie noch 60 v.H. früher erreichter Zahlen). Schon Ende der 80er Jahre wird die Nachfrage nach Ausbildungsplätzen zurückgehen, und schon in der ersten Hälfte der 90er Jahre wird es an Facharbeitern, in der zweiten Hälfte der 90er Jahre an qualifizierten, in den richtigen Fächern ausgebildeten Akademikern fehlen.

Insgesamt gibt es im internationalen Vergleich im Westen und im Fernen Osten leistungsstarke, übrigens auch selbstbewußte Partner oder Gegner, innerhalb Europas eher eine Stagnation.

III.

An dieser Stelle mag ein Exkurs über die Lage in den USA angebracht sein:

Während der letzten Monate war man sich weithin uneinig über die weitere wirtschaftliche Entwicklung in den Vereinigten Staaten. Der hohe Fehlbetrag im Haushalt, die daraus entstandene, fast unerträglich hohe öffentliche Verschuldung, der Fehlbetrag der Handelsbilanz, die u.a. auch daraus folgende Schwäche des Dollars, die zunehmende Konsumneigung - insoweit positiv -, mit der Folge hoher privater Verschuldung und geringer Sparneigung, die im Vergleich zu Japan und zur Bundesrepublik unzureichende Bereitschaft der amerikanischen Unternehmer zu Sachanlageinvestitionen (etwa im Gegensatz zu Take-overs auf Basis von Junk Bonds) - alles das sind Kennzeichen einer Region voller wirtschaftlicher Probleme. Aber die Leading Indicators weisen nach oben. Der Chief Economist der New York Stock Exchange sagte kürzlich in Amsterdam eine Wachstumsrate von 3 bis 4 v.H. voraus - ein Gradient, den man vernünftig nennen muß, wenn man - nicht nur einmal - erlebt hat, wie schwer sich die Wirtschaft tut, wenn sie mit Wachstumsraten von 6, 8 und 10 v.H. fertig werden muß. Inflation und Arbeitslosenquote in den USA gehen gleichermaßen zurück; die Zahl der Beschäftigten steigt weiterhin; sinkende Zinsen auch für Hypotheken, so daß die Housing Starts wieder zunehmen. Die 'Dollar-Schwäche' ist auch eine Stärke: Früher oder später werden die Exporte zunehmen, die Importe gedämpft und der Fehlbetrag der Handelsbilanz zurückgegangen sein. Zumindest e i n Schatten wird bleiben: Die Entwicklung in den verschiedenen Sektoren fällt nach Maß und Tendenz immer stärker auseinander.

Was das für Europa an Chancen zu bedeuten hat, ist schwer abzuschätzen. Es ist 1986 wesentlich schwerer, an Exporten nach USA zu verdienen; der 'warme Regen' wiederholt sich 1986 nicht. Aber das Wirtschaftsbild wird, von beiden Seiten gesehen, an Realismus gewinnen. Und schon darin sehe ich eine Chance.

IV.

Viele Sachkenner haben in den letzten Jahren nachgewiesen, daß es für die Moral (das heißt für die unternehmerische Initiative) bedenklich und im übrigen sachlich falsch ist, von einer technologischen Lücke auf der ganzen Breite zu sprechen; auch ich habe mich bemüht, in diese Kerbe zu hauen. Ich lasse einmal das Moralische ganz beiseite, um zu konstatieren, daß es die technologische Lücke, das Technological Gap, n i c h t gibt. Diese Feststellung soll nicht der Beruhigung oder gar der Selbstzufriedenheit dienen; sie geht auf einige generelle - und außerdem natürlich auf eine Reihe ganz spezieller - Erkenntnisse zurück.

Es versteht sich von selbst, daß wir in der Bundesrepublik, in Europa unsere Lücken und unsere Schwächen erkennen müssen. Aber wir dürfen nicht gebannt, wie das Kaninchen auf die Schlange, auf den einen oder anderen Vorsprung starren, der sich möglicherweise als nicht dauerhaft erweist. Dabei wissen wir, daß die technische Entwicklung im internationalen Zusammenspiel auf 'Geben und Nehmen' beruht, und daß jeder technische (wirtschaftliche, politische) Erfolg früher oder später einen Rückschlag nach sich zieht.

Wenn die amerikanische Industrie einen großen Teil des Computer-Marktes an sich gerissen hat, wenn die japanische Industrie Marktführer in der Herstellung mikroelektronischer Bauelemente geworden ist und den Vorsprung auf diesem Sektor weiter erhöht,so sind es eher politische, auch verteidigungspolitische (USA) oder sozioökonomische (Japan) Gründe, nicht aber ein wissenschaftlich-technisch-technologischer Vorsprung, der Europa auf die Dauer aus High-Tech ausschließen würde.

Mit der Technologieeinschätzung und mit der 'Aussonderung des Hochtechnologie-Sektors (High-Tech) aus dem allgemeinen Wirtschaftsgeschehen' hat es seine besondere Bewandtnis. Die methodologischen Schwierigkeiten sind vermutlich unüberwindbar. Es ist unlogisch, eine elektronische Schreibmaschine unbesehen in High-Tech einzureihen, während eine Werkzeugmaschine (mit numerischer Steuerung!) ebenso unbesehen bei der Mittleren Technik (Med-Tech) erscheint.

Nach allem ist die Aufzählung positiver und negativer Teilausschnitte nicht aussagefähig. Europa hat die Chance im internationalen Zusammenhang, der Entwicklung zumindest zu folgen und ihr in bestimmten Feldern sogar zuvorzukommen - wenn es den unternehmerischen Mut nicht verliert und wenn es bereit ist, in dem notwendigen Maß in Forschung und Entwicklung zu 'investieren'.

Und Europa ist auf einigen Gebieten noch immer oder schon wieder voraus. Dabei kann man technische Stärken und Schwächen - die wirtschaftliche Stärken und Schwächen zur Folge haben - nicht anhand von Zahlen über den Aufwand für Forschung und Entwicklung der großen Wirtschaftsregionen belegen. Zunächst einmal ist der Begriff 'Forschung und Entwicklung' (Research and Development) nicht eindeutig abgegrenzt. Je größer die Neigung ist, sich mit dem FuE-Aufwand zu brüsten, desto größer ist die Gefahr, daß man Kosten in dieses immer größer werdende Paket mit einschnürt, die früher in einer viel bescheideneren Spalte der Wirtschaftsrechnung geführt wurden. Nicht jede Arbeit einer Konstruktionsabteilung, um ein Beispiel zu nennen, ist Forschung und Entwicklung im strengen Wortsinn. Vom Problem der Definition abgesehen, wird der Vergleich zwischen den Regionen problematisch, wenn man die Aufwendungen, die ja in Landeswährung erbracht werden, zum Devisenkurs in eine Einheitswährung umrechnet.

'Weltklasse' bescheinigte der Bundesforschungsminister RIESENHUBER der Bundesrepublik Deutschland und ihrer Industrie, nachdem im Vorjahr für FuE in unserem Land 52 Mrd. DM aufgewendet wurden. Aber Abgrenzungsprobleme beiseite gestellt - es kommt nicht auf den Aufwand an, sondern auf den Erfolg. Wir sind in unserem Land sicher, daß wir die 'Forschungs-Mark' besser anlegen als die Amerikaner den 'Forschungs-Dollar' - vor allem, weil der letztere zu einem viel größeren Prozentsatz aus den öffentlichen Haushalten stammt als die

'Forschungs-Mark'. Wirtschaftsunternehmen haben im allgemeinen ihre Ausgaben besser im Griff als staatliche Stellen. Andererseits hat es den Anschein, als ob der 'Forschungs-Yen' mit großer Um- und Weitsicht ausgegeben werde; nicht zuletzt sind die persönlichen Ansprüche in Japan in geradezu 'schwäbischem Sinn' von Bescheidenheit gezeichnet.

Vertreten wir auf der einen Seite den Standpunkt, daß Forschung eine kulturelle Aufgabe ist, die nicht nur nach ihrer meßbaren Effizienz beurteilt werden darf, läßt sich doch Entwicklung in der Wirtschaft nur nach wirtschaftlichen Gesichtspunkten beurteilen. Wenn wir trotz aller Bedenken und Einschränkungen davon ausgehen, daß ein Vergleich des FuE-Potentials anhand der Ausgaben möglich ist, so braucht Europa sein Licht nicht unter den Scheffel zu stellen: Aus den Zahlen für 1983 ergibt sich für die fünf größten europäischen Länder ein FuE-Aufwand von 46 Mrd. $, während Japan im gleichen Jahr etwa 30 Mrd. $, die Vereinigten Staaten etwa 90 Mrd. $ aufgewendet haben. Die Proportionen haben sich seither - leider gibt es keine neueren Zahlen - nicht wesentlich verschoben, abgesehen von einer Änderung der Paritäten: Während die Bundesrepublik Deutschland in der genannten europäischen Summe von 46 Mrd. $ mit 17 Mrd. $ vertreten war, ergäben die 52 Mrd. DM des vergangenen Jahres beim heutigen Dollarkurs schon 22,5 Mrd. $. Inzwischen aber berichtet man, daß in den Vereinigten Staaten in diesem Jahr mehr als 100 Mrd. $ für das gleiche Ziel ausgegeben werden, so daß man uns dort selbst bei der (theoretischen) Annahme einer nur 75-prozentigen Wirksamkeit dennoch davonläuft.

Ich habe nun den Eindruck, daß die etwas angestrengten Bemühungen - man könnte auch sagen: bemühten Anstrengungen -, die man in Europa macht, um gemeinsame Forschung, mehr gemeinsame Forschung zu betreiben, weder von vornherein nützlich noch eine Bedingung für eine europäische Prosperität sind. Sie sehen mich als Skeptiker, wenn ich die Chancen beurteilen soll, die man dirigistischer Gemeinschaftsforschung zuschreibt. Damit negiere ich nicht, daß auf bestimmten Gebieten Erfolge bereits erzielt wurden, auf anderen Erfolge denkbar sind. Aber ich ziehe - so 'unwirtschaftlich' das aus dem Munde eines Wirtschaftlers klingen mag - den Wildwuchs der Forschung einer Forschung im Gewächshaus vor. Die europäische Chance liegt eher darin, daß wir unseren Forschern Freiheit geben, als daß wir sie in die Zwangsjacke einer Administration stecken.

Lassen Sie uns Schluß machen mit dem Schlagwort vom 'Technological Gap'. Ich stehe nicht allein mit der optimistisch klingenden, aber durchaus realistischen Prognose, daß die europäische Industrie, die europäische Technik auch in Zukunft zur Weltspitze zählen und daß sie die eine oder andere Scharte auswetzen wird, die erkannt ist.

V.

Es gibt keine Chancen ohne Risiken. Die größten Risiken Europas im internationalen Zusammenhang sind

- auf der einen Seite die Uneinigkeit der politischen Kräfte im engeren Sinn des Wortes (und dahinter verbirgt sich objektiver und subjektiver Ehrgeiz),
- auf der anderen Seite die zumindest ideologische Einigkeit der gewerkschaftlichen Bewegungen und Bemühungen.

Die europäische Wirtschaft steht weltweit in einer Auseinandersetzung mit Wirtschaftsgebieten, die eine a n d e r e innere und äußere Struktur des Gewerkschaftswesens haben. Weit entfernt von der Vorstellung, das amerikanische und das japanische System unternehmens b e z o g e n e r Gewerkschaften auf Europa übertragen zu wollen, muß man doch erkennen, daß die unternehmensü b e r g r e i f e n d e n Gewerkschaften (ob Einheitsgewerkschaft in der Bundesrepublik oder parteiorientierte Gewerkschaftskonkurrenz in europäischen Nachbarländern) langfristige wirtschaftliche Aspekte zurückzustellen pflegen hinter verbandspolitischen, wenn nicht überhaupt politischen Zielen. Es genügt für heute festzustellen, daß die in Europa, vor allem aber in der Bundesrepublik in den letzten beiden Jahrzehnten durchgesetzte Lohnpolitik der internationalen Wettbewerbsfähigkeit abträglich war. Die Lohnkosten in Teilen Europas haben sich den amerikanischen rasch angenähert; im Osten liegen die Lohnkosten, qualifiziert betrachtet, noch immer weit unter den europäischen. Die gewerkschaftliche Lohnpolitik in Europa hat nicht mehr nur das Ziel, den Anteil der Arbeitnehmer an der wachsenden Wertschöpfung zu erhalten, drängt vielmehr in einen Verteilungskampf hinein. Dieser trifft nicht so sehr das persönliche Unternehmereinkommen - das steht auf einem anderen Blatt. Vielmehr wird dadurch die Investitionsquote (im weitesten Sinn des Wortes: Sachanlagen, Forschung und Entwicklung, Aus- und Weiterbildung) der Unternehmungen beschnitten. Daß damit auch die Schaffung zusätzlicher Arbeitsplätze gefährdet wird, verdrängt man aus dem Bewußtsein. Hier liegt die Achillesferse Europas im internationalen Zusammenhang.

Doch zurück zu den Bedingungen unmittelbar politischer Natur. Europäische Zusammenarbeit setzt nicht nur freien Warenverkehr, sondern auch freien Kapitalverkehr über die Landesgrenzen hinaus voraus. Davon sind wir in Europa weit entfernt, auch wenn es den einen oder anderen Musterknaben gibt. Zum Kapitalverkehr gehört natürlich nicht nur die Kapitaleinfuhr, sondern insbesondere auch die Kapitalausfuhr; wie wäre sonst ein Gleichgewicht herzustellen? Und über Kauf und Verkauf von Unternehmen, Aktien und Beteiligungen werde ich mich hier gar nicht auslassen: Bekanntlich sind wir in dieser Hinsicht innerhalb der

Europäischen Gemeinschaft völlig frei - vorausgesetzt daß man die Genehmigung des Landes erlangt, in dem man zu investieren bereit ist.

Ein freier Fluß von Waren, Leistungen, Geld und Kapital in Europa, aber auch anderswo - man hat sich längst prinzipiell darauf geeinigt -, würde verlangen, daß man die Steuern harmonisiert, was zur Voraussetzung hätte, daß man nicht eine Reihe von Finanzministern, sondern auch den größeren Teil der Finanzbeamten vorher entließe. Wir sind hier wieder einmal beim gleichen Problem wie bei der Schaffung des Deutschen Zollvereins. Man berichtet, daß es für viele der deutschen Länder - die ja längst einen Teil ihrer Souveränität an den Deutschen Bund abgetreten hatten - nicht um Gesicht, Ansehen, Status, Prestige ging, wenn sie zögerten, dem Zollverein beizutreten, sondern um die Zolleinnahmen. Aber ich meine es gar nicht ironisch, sondern bitter ernst, wenn ich sage, Europa hat im internationalen Zusammenhang nur dann eine Chance, wenn wir die Steuersysteme (und möglichst auch die Steuersätze) vereinheitlichen - die andere Seite der Münze ist dann die Vereinheitlichung, möglichst die Unterdrückung der Subventionen.

Wenn ich dann schließlich noch die Vereinheitlichung der Rechtssysteme als notwendig bezeichne, fürchte ich, daß ich damit den Brüsseler Papierkrieg weiter anheize. Man hat ja im Herzen Europas weithin vergessen, daß wir zu Beginn des letzten Jahrhunderts auf der Grundlage des Code Napoléon im Westen Europas schon einmal eine Art von Rechtseinheit besaßen.

Vor allem aber muß O r d n u n g s p o l i t i k in den europäischen Ländern, zusammengefaßt gesagt, von kongruenter Weltanschauung getragen sein, in der für dirigistische Spekulationen kein Platz ist.

VI.

Arm an Energie und an Rohstoffen kann Europa, dessen bin ich sicher, sich auch in Zukunft behaupten - möglicherweise mehr als das. Das wird den Partnern im internationalen Geschäft nicht wehtun. Die spezifischen Fähigkeiten und Begabungen Europas, in zweitausendjähriger Geschichte entstanden und im Wettbewerb weiter entwickelt, nutzen auch ihnen, den Partnern.

Wir h a b e n Chancen in Europa, solange wir den amerikanischen Slogan (der freilich drüben nicht Gemeingut ist) 'Small is beautiful' nicht vergessen. Unsere Chance ist nicht die Größe, sondern die Anpassungsfähigkeit, die Beweglichkeit, die Vielseitigkeit - die Individualität und die Neutralität - und die geistige Freiheit, falls es uns gelingt, sie zu erhalten. Risiko - um das Verso nochmals zu erwähnen - wäre die Überheblichkeit. Wir sollten sie den anderen überlassen.

Lassen wir einmal offen, wieviel Europa mit einem Tausendfüßler gemeinsam hat - Sie erinnern sich an die Formulierung, die Otto WOLFF bei der Eröffnung der Hannover-Messe gebrauchte. Um aber beim Bild zu bleiben: Europa, die europäische Wirtschaft weiß sich auch in schwierigem Gelände zu bewegen, sie ist geländegängig und kommt noch im Unwegsamen zurecht. Das ist eine ihrer Chancen.

Wir Europäer waren schon immer Fernhändler. Als solche waren wir angesehen. Wir haben unseren Ruf gefährdet durch den Kolonialismus, der sich letzten Endes nicht gerechnet hat. Wir haben die Chance, unser politisches und unser wirtschaftliches Ansehen wieder aufzubauen, indem wir uns als verläßliche Partner bewähren.

Marketing ist eine der Chancen der europäischen Industrie. Bei einem Panel-Gespräch, das von der Hannover-Messe im März dieses Jahres veranstaltet wurde, sagte der weit über USA hinaus bekannte amerikanische Berater John DIEBOLD wörtlich:

"European companies are very good at international marketing. That is one of 'their' strengths." Er fuhr fort: "Only a few of our (US) corporations are international in their focus, many being more domestically oriented. We have not as much infrastructure and experience in the financing of international marketing efforts as Europe and Japan. What we (US) do have, however, are social and economic characteristics which encourage innovation and foster new enterprises. By contrast, Europe has problems in creating an entrepreneurial culture."

Das sollten wir uns nicht zweimal sagen lassen.

VII.

Europa kann nicht eine Politik der unkalkulierten Stärke, sondern nur eine Politik kalkulierter Schwächen betreiben. Die Frage bleibt, ob unser 'kleiner' Kontinent seine Chancen im internationalen Zusammenhang nützen kann - Chancen, die, wenn ich das richtig sehe, ihre letzte Ursache in der Härtung der Lebensbedingungen haben, die Europa geschichtlich auferlegt sind und die Europa, die Europäer trotz der relativen Gunst der Lage in der gemäßigten Zone seit eh und je zur Anstrengung gezwungen haben. Die Gefährdung zwischen den Blöcken verlangt ein hohes Maß an Anstregung, wenn man überleben, wenn man nicht erdrückt oder zerrissen werden will. Dabei ist es widersprüchlich, daß, der Gefährdung zum Trotz, ein Zustand der Sättigung, wenn nicht des Überdrusses, zu beobachten ist, der kontraproduktiv ist.

Ich bin davon überzeugt, daß Europa mehr bieten muß, aber auch mehr zu bieten hat, als nur wirtschaftliche Leistung. Alle Weltsprachen - ich meine: alle völkerverständigenden Sprachen - haben in Europa ihren historischen Ursprung. Davon ausgehend könnte Europa, wenn es sich als Gemeinschaft empfindet und als solche wirkt, eine Chance haben, die ich eher kulturell als wirtschaftlich sehe - dies aber von der Erkenntnis ausgehend, daß auch Wirtschaft ein Element der Kultur ist.

Früher sagte man, der Handel folge der Flagge. Wir haben keine europäische Flagge in diesem Sinn. Vielleicht aber die Hoffnung auf eine europäische Kultur.

Schlußwort
DIETER SPETHMANN

Vielen Dank, lieber Herr MERKLE, für die Perspektiven, die Sie uns eröffnet haben.

Meine Damen und Herren, der Vortrag von Prof. MERKLE enthielt die wesentlichen Elemente eines Schlußwortes. Es liegt an uns, die Formeln zu finden, die notwendig sind, um schneller mitzugehen in einer sich wandelnden Welt. Sie wird gerade in der gegenwärtigen Phase sehr stark von neuen technischen Entwicklungslinien bestimmt. Formeln für praktische Verhaltensweisen sind zu finden und umzusetzen, damit es uns gelingt, mit den Restproblemen früherer Stärken fertig zu werden. Kohle war eine Zeit lang sicher eine Stärke in Deutschland, in Frankreich, in Belgien, in England. Die restliche Kohle, von der wir uns noch nicht trennen wollen, ist heute oft eine Last. Eisenerz war bis in die späten 50er Jahre dieses Jahrhunderts hinein eine Standortgunst. Mein eigenes Haus hat sich noch Mitte der 50er Jahre bemüht, mit Paris einen langfristigen Vertrag über die Lieferung von Minette an die Ruhr zu schließen. Glücklicherweise hat Paris uns die kalte Schulter gezeigt, einige Jahre später waren wir sehr froh darüber. Die restliche Eisenerzförderung in Deutschland, und zwar zu einem großen Teil hier in Bayern, ist heute ebenfalls eine Last. Jede dieser Umpolungen bedeutet aber den Zwang zu tiefgreifenden regionalen Änderungen. Man kann einen Ruhrkumpel kurzfristig nicht dazu bringen, Uhrmacher oder Elektroniker zu werden. Unternehmen, die ihre Wettbewerbsfähigkeit dauerhaft verloren haben, müssen auf neuen Märkten neue Stärken gewinnen. Alte Standorte müssen unter Umständen aufgegeben werden. Auch Gemeinden und Politiker sind gefordert, die notwendige Umstrukturierung zu begleiten. Dieser Prozeß ist nicht schmerzlos oder einfach. Auf Dauer führt aber kein Weg daran vorbei. Was Prof. MERKLE gesagt hat, ist Aufforderung an uns alle in den verschiedenen Lebensbereichen - Wirtschaft, Wissenschaft, Politik und darüber hinaus - flinker zu sein, selbstkritischer zu sein, freimütiger zu sein in der Bereitschaft zum Mitgehen im Wandel auf Weltniveau.

Herzlichen Dank Ihnen allen, die Sie so außerordentlich lebhaft an der Diskussion teilgenommen haben. Herzlichen Dank allen Referenten, die hierzu beigetragen haben. Unser besonderer Dank gilt der Industrie- und Handelskammer München, die uns so gastfreundlich aufgenommen hat.

Verzeichnis der Referenten und Diskussionsredner

BESTERS, Hans, Prof. Dr., Seminar für Wirtschafts- und Finanzpolitik, Ruhr-Universität Bochum

BOFINGER, Peter, Dr., Landeszentralbank Baden-Württemberg, Stuttgart

BUSCH-LÜTY, Christiane, Prof. Dr., Fachhochschule der Bundeswehr, München

CASPARI, Manfred, Dr., Generaldirektion Wettbewerb der EG, Brüssel (Belgien)

DESSLOCH, Hubertus, Dr., Bayerisches Staatsministerium für Bundesangelegenheiten, Bonn

HAIN, Ferdinand, Dr., Österreichische Nationalbank, Wien (Österreich)

HELMSTÄDTER, Ernst, Prof. Dr., Institut für Industriewirtschaftliche Forschung, Universität Münster

KLOTEN, Norbert, Prof. Dr., Landeszentralbank Baden-Württemberg, Stuttgart

MATTHES, Heinrich, Dr., Generaldirektion für Wirtschaft und Finanzen der EG, Brüssel (Belgien)

MERKLE, Hans L., Prof. Dr., Robert Bosch-Stiftung, Stuttgart

MICHAELIS, Eduard M., Dr., Seewalchen am Attersee (Österreich)

NATZMER, Wulfheinrich v., Dr., Institut für Allgemeine Wirtschaftsforschung, Universität Freiburg

REIF, Karlheinz, Prof. Dr., Fakultät für Sozial- und Wirtschaftswissenschaften, Universität Bamberg

RODENSTOCK, Rolf, Prof. Dr., Präsident der Industrie- und Handelskammer für München und Oberbayern

SCHAAL, Peter, Prof. Dr., Fachbereich Wirtschaft, Fachhochschule Düsseldorf

SCHEID, Rudolf, Prof. Dr., Zentralverband der Elektrotechnik- und Elektronikindustrie, Frankfurt/Main

SCHLESINGER, Helmut, Prof. Drs., Deutsche Bundesbank, Frankfurt/Main

SPETHMANN, Dieter, Dr., Erster Vorsitzender der List Gesellschaft, Thyssen AG, Düsseldorf

STEUER, Werner, Dr., Gemeinschaft zum Schutz der deutschen Sparer, Bonn

WEGNER, Manfred, Dr., IFO-Institut für Wirtschaftsforschung, München

WEILER, Gangolf, Dr., Thyssen AG, Düsseldorf

Verzeichnis der bisher erschienenen Gespräche der List Gesellschaft

Harry W. ZIMMERMANN (Hrsg.)

Aspekte der Automation, 1. Frankfurter Gespräch der List Gesellschaft, 10./12. Oktober 1957, Gutachten und Protokolle (Veröffentlichungen der List Gesellschaft, Bd. 16), Basel-Tübingen 1960. DM 24,--

Alfred PLITZKO (Hrsg.)

Planung ohne Planwirtschaft, 2. Frankfurter Gespräch der List Geselschaft, 7./9. Juni 1963, Gutachten und Protokolle (Veröffentlichungen der List Gesellschaft, Bd. 34), Basel-Tübingen 1964. DM 24,--

Ekkehard STILLER (Hrsg.)

Lohnpolitik und Vermögensbildung, 3. Frankfurter Gespräch der List Gesellschaft, 29./30. November 1963, Protokolle und Gutachten (Veröffentlichungen der List Gesellschaft, Bd. 37), Basel-Tübingen 1964. DM 21,50

Francois BOCHUD (Hrsg.)

Fundamentale Fragen künftiger Währungspolitik, 4. Frankfurter Gespräch der List Gesellschaft, 5./6. März 1965, Protokolle und Gutachten (Veröffentlichungen der List Gesellschaft, Bd. 46), Basel-Tübingen 1965. DM 27,--

Fried SCHARPENACK (Hrsg.)

Strukturwandel der Wirtschaft im Gefolge der Computer, 5. Frankfurter Gespräch der List Gesellschaft, 3./5. März 1966, Protokolle und Gutachten (Veröffentlichungen der List Gesellschaft, Bd. 55), Basel-Tübingen 1966. DM 36,--

Edgar SALIN u.a. (Hrsg.)

Polis und Regio. Von der Stadt- zur Regionalplanung, 6. Frankfurter Gespräch der List Gesellschaft, 8./10. Mai 1967, Protokolle-Gutachten-Materialien (Veröffentlichungen der List Gesellschaft, Bd. 57), Basel-Tübingen 1967. DM 22,50

Edgar SALIN u.a. (Hrsg.)

Notwendigkeit und Gefahr der wirtschaftlichen Konzentration in nationaler und internationaler Sicht, 7. Frankfurter Gespräch der List Gesellschaft, 10./12. März 1969, Protokolle und Gutachten (Veröffentlichungen der List Gesellschaft, Bd. 62), Basel-Tübingen 1969. DM 37,50

Thomas RICHERS (Hrsg.)

Industrie und EWG, 8. Frankfurter Gespräch der List Gesellschaft, 4./5. Juni 1970, Referate und Protokolle (Veröffentlichungen der List Gesellschaft, Bd. 68), Basel-Tübingen 1970. DM 18,50

Bertram SCHEFOLD (Hrsg.)

Floating - Realignment - Integration, 9. Gespräch der List Gesellschaft, 11./12. Februar 1972, Protokolle und Gutachten (Veröffentlichungen der List Gesellschaft, Bd. 69), Basel-Tübingen 1972. DM 25,--

Die Zukunft der Marktwirtschaft - Möglichkeiten und Grenzen, 10. Gespräch der List Gesellschaft, 6./7. Sept. 1973, Referate, veröffentlicht in den Mitteilungen der List Gesellschaft, Fasc. 8 (1973/74): Nr. 3 (Okt. 1973), Nr. 4 (Nov. 1973), Nr. 5 (Febr. 1974), pro Heft DM 5,--

Strukturelle und finanzielle Konsequenzen der neuen Energiesituation, 11. Gespräch der List Gesellschaft, 28./29. März 1974, hektographiertes Manuskript, bearbeitet von Albrecht DÜREN/Heinz-Dieter RAUCH. DM 9,--

Hans BESTERS (Hrsg.)

Eine neue Ordnung der Weltwirtschaft? Die zukünftige Zusammenarbeit zwischen Rohstoff- und Industrieländern, 12. Gespräch der List Gesellschaft, 8./9. Juli 1975, Baden-Baden 1975. DM 19,80

Hans BESTERS (Hrsg.)

Wachstum und Konjunktur unter veränderten Bedingungen, 13. Gespräch der List Gesellschaft, 14./15. Oktober 1976, Baden-Baden 1977. DM 19,80

Hans BESTERS (Hrsg.)

Strukturpolitik - wozu? Technokratischer Interventionismus versus marktwirtschaftliche Ordnungspolitik, 14. Gespräch der List Gesellschaft, 16./17. Februar 1978, Baden-Baden 1978. DM 19,80

Hans BESTERS (Hrsg.)

Zwischenbilanz Europa, 15. Gespräch der List Gesellschaft, 15./16. März 1979, Baden-Baden 1979. DM 19,80

Hans BESTERS (Hrsg.)

Bevölkerungsentwicklung und Generationenvertrag, 16. Gespräch der List Gesellschaft, 5./6. März 1980, Baden-Baden 1980. DM 29,80

Hans BESTERS (Hrsg.)

Ist Arbeitslosigkeit unser Schicksal?, 17. Gespräch der List Gesellschaft, 4./5. März 1981, Baden-Baden 1981. DM 34,--

Hans BESTERS (Hrsg.)

Internationale Wettbewerbsfähigkeit bei unterschiedlichen Sozialordnungen - USA, Japan, Bundesrepublik Deutschland, 18. Gespräch der List Gesellschaft, 11./12. März 1982, Baden-Baden 1982. DM 34,--

Hans BESTERS (Hrsg.)

Wandlungen im Investitionsverhalten, 19. Gespräch der List Gesellschaft, 10./11. März 1983, Baden-Baden 1983. DM 34,--

Hans BESTERS (Hrsg.)

Währungspolitik auf dem Prüfstand, 20. Gespräch der List Gesellschaft, 5./6. April 1984, Baden-Baden 1984. DM 34,--

Die Gespräche der List Gesellschaft 1 - 9 sind von J.C.B. Mohr (Paul Siebeck), Tübingen, verlegt worden, 10 und 11 über die Geschäftsstelle der List Gesellschaft e.V., Düsseldorf, August-Thyssen-Str. 1, zu beziehen, 12 - 20 im Nomos-Verlag, Baden-Baden, erschienen; Mitglieder der List Gesellschaft erhalten bei Erwerb der Gespräche einen Preisnachlaß von 30 v.H.

Das Europa der zweiten Generation

Gedächtnisschrift für Christoph Sasse

Herausgegeben von Bieber/Bleckmann/Capotorti u. a. · Vorwort von C.-D. Ehlermann u. P. Karpenstein
49 Beiträge, gemeinsames Stichwortverzeichnis mit vollständiger Bibliographie der Werke von Ch. Sasse
Band 1, XL, 581 Seiten, ISBN 3-7890-0619-X · Band 2, XL, 343 Seiten, ISBN 3-88357-004-4 · 1981
Beide Bände zusammen DM 276,-

Band I

A.
B. Börner: Europa quo vadis? – *B. Kohler:* Die politische und wirtschaftliche Lage der EG zum Zeitpunkt der 2. Erweiterung – *U. Everling:* Die Bundesrepublik Deutschland in der EG, ihre Rolle in den 70er Jahren und an der Schwelle der 80er Jahre – *M. Zuleeg:* Der Bestand der EG – *H.-J. Glaesner:* Die Legitimität der EG – *R. Hrbek:* Die EG ein Konkordanzsystem? Anmerkungen zu einem Deutungsversuch der politikwissenschaftlichen Europaforschung – *E. Grabitz:* Methoden der Verfassungspolitik in der Gemeinschaft – *H. Matthies:* Die Verfassung des Gemeinsamen Marktes – *J. Pipkorn:* Römisch-rechtliches zur Rechtsfortbildung in der EG – *H. G. Schermers:* The European Communities under an archontocratic system of international law

B.
R. Kovar: L'intégrité de l'effet direct du droit communautaire selon la jurisprudence de la Cour de Justice de la Communauté – *E.-W. Fuß:* Die Verantwortung der nationalen Gerichte für die Wahrung des EG-Rechts – *H.-W. Rengeling:* EG-Recht und nationaler Rechtsschutz – *D. Blumenwitz:* EG und Rechte der Länder – *P. Selmer:* Zur bundesstaatlichen Lastenverteilung bei der Anwendung von Geldleistungsvorschriften der EG – *L.-J. Constantinesco:* Das direkt gewählte Parlament, Bilanz und Perspektiven – *J. D. Kurlemann:* Zur Rolle der Fraktionen im Europäischen Parlament – *M. Steed:* Twelve into one / The effect of using diverse procedures for the first European Parliamentary elections – *B. Beutler:* Rechtsfragen des Konzertierungsverfahrens – *R. Bieber:* Kooperation und Konflikt / Elemente einer Theorie des internen Organisationsrechts der EG

C.
M. Seidel: Rundfunk, insbesondere Werbefunk und innergemeinschaftliche Dienstleistungsfreiheit – *A. Deringer:* Rechtsfragen der Antidumping-Politik / Neuere Entwicklungen – *K. H. Stöver:* Systeme von Vertriebsverträgen im Gemeinsamen Markt – *H. P. Ipsen:* Gemeinschaftsrechtliche Integrationsanstöße für mitgliedstaatliche Rechtsinstitute, erläutert am urheberrechtliche Verwertungsgesellschaften – *A. Tizzano:* Gemeinschaftsrecht und italienische Gesetzgebung auf dem Gebiet des Versicherungsrechts – *H. J. Hahn:* Wertsicherung im Recht der EG

D.
H.-E. Scharrer: Das Europäische Währungssystem, ein Modell differenzierter Integration – *F. Franzmeyer:* Europäische Industriepolitik im Spannungsfeld zwischen Wettbewerb und Beschäftigungsgarantie – *U. Weinstock:* Zur Gemeinsamen Verkehrspolitik / Vom Legalismus zum Pragmatismus – *P. Dagtoglou:* Der Luftverkehr und die EG – *D. Nickel:* Zur Revision des Euratom-Vertrages

Band II

A.
C. Tomuschat: Is Universality of Human Rights Standards an Outdated and Utopian Concept? – *A. Cassese:* Enquiries into the impact of foreign economic assistance on Human Rigths / Some problems of method – *K. Tiedemann:* Die Bekämpfung des Mißbrauchs von internationaler Wirtschaftsmacht aus der Sicht und mit den Mitteln des Strafrechts

B.
G. Nicolaysen: Wirtschaftsfreiheit – *A. Bleckmann:* Die Freiheiten des Gemeinsamen Marktes als Grundrechte – *C.-D. Ehlermann* u. *E. Noël:* Der Beitritt der EG zur EMRK / Schwierigkeiten und Rechtfertigung – *F. Capotorti:* A propos de l'adhésion éventuelle des Communautés à la Convention européenne des Droits de l'Homme – *J. A. Frowein:* Europäische Grundrechtsprobleme – *C. Colinet:* La protection du droit de propriété dans la CEE au travers de l'arrêt »Hauer« – *G. v. d. Berghe* u. *C. H. Huber:* European Citizenship

C.
C. Starck: Entwicklung der Grundrechte in Deutschland – *M. Fromont:* Le contrôle de la constitutionnalité des lois en Allemagne et en France – *J. Georgel:* La réforme du statut des étrangers en France – *V. Schaub:* Das Recht auf Arbeit in Italien / Verfassung und Verfassungswirklichkeit – *G. Hand:* A reconsideration of a German study (1927–1932) of the Irish Constitution of 1922

D.
H.-P. Bull: Verfassungsrechtlicher Datenschutz – *P. Karpenstein:* Zur Zuständigkeit der EG auf dem Gebiete des Datenschutzes – *J.-P. Jacqué:* Les droits de l'homme et le développement de l'informatique en Europe

---

Coproduktion

Nomos Verlagsgesellschaft · Baden-Baden • N. P. Engel Verlag · Kehl a. Rh. · Straßburg

Jürgen Schwarze/Roland Bieber (Hrsg.)

Das europäische Wirtschaftsrecht vor den Herausforderungen der Zukunft

Unaufhaltsam drängen politische und ökonomische Entwicklungen auf den Gemeinsamen Markt. Wird sich die EG diesen Herausforderungen stellen können? Mit einem Dialog zwischen Vertretern der Gemeinschaftsinstitutionen und der betroffenen Wirtschaftsunternehmen und -verbände zeichnet der vorliegende Band als Antwort ein informatives, facettenreiches Bild der wirtschaftsrechtlichen Zukunft Europas.
Themen wie – Neue Technologien – Technologietransfer – Umweltpolitik – Entwicklungen des freien Dienstleistungsverkehrs – EG-Kartellrecht – Außenwirtschaftliche Probleme im Beziehungsfeld EG–USA–Japan – geben dem Leser (Wissenschaftler wie Praktiker) umfassend Aufschluß über die aktuellen Probleme eines europäischen Wirtschaftsrechts – seine Aufgaben, Chancen, Verwirklichung.
Wichtiges Ergänzungsmaterial liefert der Anhang mit Auszügen aus aktuellen Dokumenten zur Weiterentwicklung des Gemeinsamen Marktes und zu einer europäischen Technologiegemeinschaft.
Autoren des Bandes: Prof. Dr. Claus-Dieter Ehlermann, Generaldirektor des Juristischen Dienstes der Kommission der EG; Dr. Christian Franck, Direktor, Commerzbank AG; Dr. Hans-Joachim Glaesner, Generaldirektor des Juristischen Dienstes des Rates der EG; Dr. Hans R. Glatz, Generalsekretär des CLCA; Syndikus Jürgen Lindemann, Siemens AG; Dr. Rolf Linkohr, MdEP; Prof. Dr. Heinrich Matthies, Generaldirektor e. h.; Prof. Dr. Dr. h. c. Reimer Schmidt, Vorsitzender des Aufsichtsrates der Aachener und Münchner Beteiligungs AG; Prof. Dr. Jürgen Schwarze; Dr. Ulrich Vorderwülbecke, Bundesverband der Pharmazeutischen Industrie; Beate Weber, MdEP; Dr. Wolfgang Winzer, Leiter der Vertragsabteilung der Siemens AG.

1985, 327 S., geb., 98,– DM, ISBN 3–7890–1174–6
(Schrr. Europ. Recht, Politik u. Wirtschaft, Bd. 119)

NOMOS VERLAGSGESELLSCHAFT
Postfach 610 · 7570 Baden-Baden

Bengt Beutler/Roland Bieber/Jörn Pipkorn/Jochen Streil

Die Europäische Gemeinschaft – Rechtsordnung und Politik

Nach 30 Jahren erreicht die EG aufgrund direkter Wahlen, verstärkter internationaler Ausstrahlung und durch weitere Beitrittsanträge eine neue Phase. Die Rechts-, Wirtschafts- und Sozialordnung der Mitgliedstaaten ist bereits geprägt durch die auf den drei Verträgen (EGKSV, EAGV, EWGV) beruhende Gemeinschaft und das in ihrem Rahmen geschaffene Recht. Gleichzeitig rücken die politischen, wirtschaftlichen und sozialen Probleme des bisherigen Integrationsprozesses deutlicher in das öffentliche Bewußtsein.
Die vorliegende Darstellung hat vor diesem Hintergrund das Ziel, konzentriert und aktuell die Entfaltung des Rechts der Europäischen Gemeinschaften darzustellen und seine Rolle, seine Möglichkeiten und Grenzen im europäischen Integrationsprozeß zu erhellen.
Besonderes Gewicht wurde auf eine eingehende Auswertung der Rechtsprechung des Europäischen Gerichtshofs und die Darstellung aktueller Entwicklungen des Gemeinschaftsrechts gelegt. Auch die wesentlichen Ergebnisse der theoretischen Auseinandersetzung um den Integrationsprozeß wurden berücksichtigt. Mit der zweiten Auflage wurde das Werk auf den Stand Oktober 1982 gebracht. Dabei fanden der Beitritt Griechenlands und die neuesten Entwicklungen in allen Rechtsbereichen Berücksichtigung.
Als Ergänzung zu dieser Basislektüre ist von den Autoren »Das Recht der Europäischen Gemeinschaft – Textsammlung« als Loseblattwerk erschienen.

1982, 2. Auflage, 537 S., 38,– DM
ISBN 3–7890–0826–5

Nomos Verlagsgesellschaft
Postfach 610 · 7570 Baden-Baden

Monographien der List Gesellschaft Neue Folge

1 Friedhelm Hengsbach: **Die Assoziierung afrikanischer Staaten an die Europäischen Gemeinschaften.** Eine Politik raumwirtschaftlicher Integration. 1977, 238 S., 37,– DM   ISBN 3-7890-02933

2 Joachim Starbatty: **Stabilitätspolitik in der freiheitlich-sozialstaatlichen Demokratie.** 1977, 186 S., 33,– DM   ISBN 3-7890-03085

3 Hans Besters: **Neue Wirtschaftspolitik durch Angebotslenkung.** Offene Fragen überbetrieblicher Investitionsplanung und vorausschauender Strukturpolitik. 2. Aufl. 1982, 248 S., 49,– DM   ISBN 3-7890-07722

4 Siegfried F. Franke: **Löhne und Gehälter in langfristiger Sicht und ihre Besteuerung nach der Leistungsfähigkeit.** Eine empirische Analyse für die Bundesrepublik Deutschland. 1979, 259 S., 57,– DM   ISBN 3-7890-04200

5 Ulrich van Suntum: **Regionalpolitik in der Marktwirtschaft.** Kritische Bestandsaufnahme und Entwurf eines alternativen Ansatzes am Beispiel der Bundesrepublik Deutschland. 1981, 231 S., 59,– DM
ISBN 3-7890-0670X

6 Siegfried F. Franke: **Theorie und Praxis der indirekten Progression.** Eine theoretische und empirische Analyse der indirekten Progression in der Einkommensbesteuerung aus steuersystematischer und ordnungspolitischer Sicht. 1983, 256 S., 79,– DM   ISBN 3-7890-08508

7 Paul J. J. Welfens: **Theorie und Praxis angebotsorientierter Stabilitätspolitik.** 1985, 299 S., 88,– DM   ISBN 3-7890-11088

8 Hrsg. von Jörg H. Thieme: **Geldtheorie.** Entwicklung, Stand und systemvergleichende Anwendung. 1985, 312 S., 69,– DM   ISBN 3-7890-11118

Nomos Verlagsgesellschaft
Postfach 610 · 7570 Baden-Baden